2012年世界劳工报告
——更好的就业带来更好的经济

国际劳工组织　著
中国财政经济出版社　组织翻译

中国财政经济出版社

本书英文版由国际劳工研究所（日内瓦）出版，书名为 World of Work Report 2012：Better jobs for a better economy

图书在版编目（CIP）数据

2012 年世界劳工报告：更好的就业带来更好的经济 / 国际劳工组织著；中国财政经济出版社译. —北京：中国财政经济出版社，2012. 12

书名原文：World of Work Report 2012：Better jobs for a better economy

ISBN 978 – 7 – 5095 – 4118 – 0

Ⅰ. ①2… Ⅱ. ①国… ②中… Ⅲ. ①劳动就业 – 研究报告 – 世界 – 2012 Ⅳ. ①F249. 1

中国版本图书馆 CIP 数据核字(2012)第 275265 号

责任编辑：吴　敏　　　　责任校对：黄亚青

封面设计：耕　者　　　　版式设计：李香杰

中国财政经济出版社出版

URL：http：//www. cfeph. cn

E – mail：cfeph @ cfeph. cn

（版权所有　翻印必究）

社址：北京市海淀区阜成路甲 28 号　邮政编码：100142

发行处电话：88190406　财经书店电话：64033436

北京富生印刷厂印刷　各地新华书店经销

880 × 1230 毫米　16 开　7 印张　170 000 字

2012 年 12 月第 1 版　2012 年 12 月北京第 1 次印刷

定价：26. 00 元

ISBN 978 – 7 – 5095 – 4118 – 0/F · 3339

图字：01 – 2012 – 8462

（图书出现印装问题，本社负责调换）

本社质量投诉电话：010 – 88190744

国际劳工研究所于1960年由国际劳工组织创建，是一个在社会和劳工领域开展深入研究的独立机构。

《2012年世界劳工报告》的编写人员

本报告由国际劳工研究所工作人员撰写，国际劳工组织的其他同事对此提供了帮助，该研究所所长负责出版事宜。各章节的作者如下：

- 编者的话：雷蒙德·托雷斯
- 乌玛·拉尼、弗德里克·库尔奇、佩林·赛克勒·里奇亚迪（第一章）
- 桑德林·卡则斯（就业部）、萨米尔·卡蒂瓦达和米格尔·安吉尔·马罗（萨拉曼卡大学）（第二章）
- 维罗尼卡·埃斯库德罗、艾娃·洛佩斯·莫雷略（第三章）
- 玛瓦·克力库利巴利、丹尼尔·萨曼（第四章）

雷蒙德·托雷斯负责本报告的编辑和协调工作。斯蒂芬·托宾为第二章和第三章的成稿提供了帮助。马蒂厄·夏普和斯特凡·库恩根据全球经济链接（Global Economic Linkages）模型，针对各种不同的政策选项开发了模拟工具。

在此，我们感谢国际劳工组织总干事对本报告予以的指导。

研究所专家团队对本报告的早期版本提供了出色的建议和意见。该专家团队包括：维尔纳·艾克霍斯特、理查德·弗里曼、玛丽亚·吉普森、约翰内斯·于廷、弗雷德里克·里瑞斯、伊莎贝尔·奥提兹、马西奥·波切曼、阿拉克·沙玛、尼古拉·史塔勒、丹尼尔·韦恩和罗伯特·P. 沃斯。

在此，我们还要向国际劳工组织社会对话部的同事们表示诚挚的谢意，他们提供了大有裨益的意见，在此特别感谢米歇尔·比农、苏珊·海特、梅勒尼·让鲁瓦、安格莉卡·穆勒和科琳·巴尔加。此外，国际劳工组织就业部趋势研究团队提供了全球失业预测数据，我们对其一并表示感谢。

编者的话

如何走出紧缩的陷阱?

雷蒙德·托雷斯
国际劳工研究所所长

欧洲的就业形势正在恶化，其他许多国家的情形也不再向好……

在过去的一年中，劳动力市场一直受到全球增长放缓的影响。这无疑凸显出更加严重的问题，因为劳动力市场仍未从2008年爆发的全球危机中完全恢复：与危机前的情形相比，仍缺少约5000万个就业岗位（第一章）。在未来几年中，全球经济的增长速度不太可能快到足以弥补现有就业缺口，同时又能为在此期间进入劳动力市场的超过8000万人提供就业的地步。

欧洲的趋势令人尤为担心，因为自2010年以来，该地区几乎2/3的国家的失业率持续上升；然而，其他发达经济体的劳动力市场复苏也陷入了停滞，例如日本和美国。在其他地区，如中国，相对于持续增长且受过良好教育的就业年龄人口的需求而言，就业增长势头减弱。而且，阿拉伯地区和非洲大部分经济体的就业缺口仍然十分严重。

……因此，这场全球就业危机已经进入一个结构性问题日益凸显的新阶段。

这并非是正常状态的就业减缓。自这场全球危机爆发四年之后，劳动力市场的失衡日益呈现出结构性特征，也正因如此，劳动力市场的失衡更加难以消除。某些群体——例如长期失业者——面临着被逐出劳动力市场的风险。这意味着即使出现了强劲的复苏，他们也将无法获得新的工作岗位。

此外，对于拥有工作岗位的工作者而言，工作变得更加不稳定或不安全了。在发达经济体中，2/3发达经济体的非自愿性兼职就业和超过一半的发达经济体的临时性就业出现了增加。非正式就业所占的份额居高不下，在可以获得数据的新兴和发展中经济体，有2/3的经济体的这一比例超过了40%。女性和年轻人受失业和工作不安全性的影响尤为严重。尤其值得注意的是，约80%的发达经济体和2/3的发展中经济体的青年失业率出现了上涨。

对于工作者及其家人而言，工作的不稳定首先是一个悲剧；但它同时也意味着生产能力的浪费，因为过于频繁地换工作、长期失业或不参与经济活动往往会导致工作技能的丧失。因此，如若就业方面存在更大的不稳定性，那么这就意味着未来的生产率收益更低，实现经济繁荣的余地更小，职业提升的前景更加有限。

就业岗位的短缺与长期的投资赤字相伴而生，这是危机进入新阶段的另一个迹象。大型公司账户中未投资的现金数量达到了空前的高位（见第四章），而与此同时，发达经济体中的许多小公司仍难以获得促使其投资并创造就业岗位的贷款。至关重要的一点是，投资的波动性变得更大了，这无疑加剧了发达经济体以及新兴和发展中经济体的就业不稳定性。

最后，社会因体面就业岗位的缺乏而变得日益焦虑。在106个国家中，有57个国家2011年的社会动荡指数（该指数是为本报告而开发的）相对于2010年有所增加。欧洲、中东、北非和撒哈拉以南非洲地区的社会动荡风险最高。平均而言，拉丁美洲出现了一定程度的就业复苏，因此在该地区的某些国家中，就业岗位的质量也有所改善，其社会动荡风险出现了下降。

不断恶化的局势反映了出现在发达经济体——主要是欧洲——的紧缩陷阱……

自2010年以来，相继举行的20国集团会议及其他国际论坛发表了促进工作岗位创造的声明，尽管如此，政策战略从对就业岗位创造和改善转变为不遗余力地削减财政赤字。在欧洲国家中，削减财政赤字被认为是稳定金融市场的必要手段。但是，即使在那些不曾受到这场危机影响的国家，也出于预防性目的而采取这种补救措施——减少财政赤字的目的是防止金融市场出现任何负面反应。这种策略的初衷是为更大的投资、更高的增长及更低的财政赤字奠定基础。

此外，作为政策转变的一部分，绝大多数的发达经济体都放松了就业监管，弱化了劳动力市场的制度（见第二章），并出台了更多的解除管制措施。之所以采取上述措施，其原因是希望金融市场出现积极反应，藉此大幅提升信心、推动增长和就业岗位的创造。

然而，上述期望并没有如期实现。在采取紧缩和解除管制措施力度最大的国家（主要为南欧国家）中，经济和就业增长继续恶化。在许多情况下，这些措施也未能稳定财政状况。上述政策失灵的根本原因是在这些政策实施时，需求前景较为黯淡，同时又正值银行体系处于“去杠杆化”的复杂而痛苦的过程之中，因此，这些政策无法刺激私人投资。紧缩陷阱应运而生。实际上，紧缩措施导致了经济增长更加疲弱，增加了经济的波动性，恶化了银行的资产负债，从而导致信贷的进一步萎缩和投资的减少，并最终损失了更多的工作岗位。令人啼笑皆非的是，这对政府预算产生了不利影响，从而增加了采取更为从紧的措施的需求。无可否认的是，凡是主动采取紧缩政策的国家，其财政赤字几乎并没有出现改善（见第三章）。

至于解除管制政策，本报告发现，这些政策无法在短期内——危机条件下的关键时期——大幅促进增长和就业。实际上，劳动力市场改革对就业的影响在很大程度上取决于经济周期。在面临经济衰退时，不那么严格的监管可能导致裁员，而非对就业岗位的创造提供支持。同样，集体议价的弱化很可能导致工资的螺旋式下降，从而进一步延缓复苏的步伐。

总体而言，本报告印证了早期研究的成果，即劳动力市场改革与就业水平之间并不存在明显的联系。有趣的是，对于绝大多数国家而言，充足的就业监管往往对就业产生积极的促进作用。与此相对应的是，设计糟糕的监管措施可能对劳动力市场的表现产生负面影响。在此类情况下，有理由结合社会保障措施，考虑实施改革，以将其作为社会对话的一部分。最近，一些国家已经成功地实践了该政策，如奥地利和巴西。

……这一情况还蔓延至其他国家。

许多新兴和发展中国家采取了大幅提升内需的战略，以便弥补更加疲弱的面向发达经济体的出口前景。有迹象表明，在一些国家中，如印度、拉丁美洲国家、南非及最近的中国，工资的增幅赶上了生产率的增长。此外，公共投资和社会保障也得以加强，而事实证明，区域整合也大有裨益。

然而，这些国家的劳动力市场和实际投资也无法避免受全球经济弱化影响的命运。此外，起伏不定的资本流也加剧了实体经济及创造更好就业岗位机会的不稳定性。

因此，至关重要的是，进一步加强旨在大幅提升内需的现行政策，同时辅之以实施力度更强的核心劳动标准和措施，以避免资本流动出现不稳定。

存在一种替代性策略……

走出紧缩的陷阱是有可能的。去年的《世界劳工报告》提出了一项三方面的策略，该策略在今天看来依然有效。首先，应当加强劳动力市场制度，这样工资的增长才能与生产率同步，这种情况在盈余经济体中已经开始出现。在当前情况下，可以考虑采取审慎且协调一致的政策，以增加最低工资。旨在贯彻核心劳动标准的进一步努力也将大有裨益，对于依然存在就业缺口的新兴和发展中国家而言尤为如此。如若所有的 20 国集团国家均通过国际劳工组织的核心公约，这无疑将释放出积极的信号。

其次，恢复信贷条件并为小型企业营造更加有利的商业环境，这一点尤为重要。对于欧元区国家而言，该项议题尤为迫切，因为旨在为银行确保流动性的央行政策已经无法为实体经济大幅提升信贷。此外，还可以对未将利润用于再投资的公司课以更高的税费，并/或降低重视投资和就业岗位创造的公司的税费。

第三，可在实现财政目标的同时提升就业。本报告表明，对支出和收入构成采取财政中性的变革措施可在 1—2 年的时间内创造 180 万—210 万个就业岗位。对于新兴和发展中国家而言，工作的重点应当放在公共投资和社会保障政策方面，以减少贫困和收入差距，同时刺激总需求。对于发达经济体而言，重点应当放在确保失业人口——尤其是年轻人——在找到新的就业岗位方面获得充分的支持。

更为重要的是，现在到了采取措施、实施以增长和就业岗位为中心的战略的时候了。这将有助于协调各项政策，并避免由财政紧缩措施导致的负面影响的进一步蔓延。欧洲应当采取的战略包括旨在解决债务危机的协调一致的策略，对此，颇具创意的融资机制及对欧洲结构基金——已经对其实施了适当改革，以更好地应对目前的就业岗位赤字——的利用可发挥重要作用。

……这就要求我们清醒地认识到，可促进就业岗位创造的政策会对经济产生积极效应，金融界的呼声不应当左右政府的决策。

目前实施的政策策略反映了这样的一种假设，即实施紧缩措施之后自然会实现经济增长，而经济增长自然会推动就业岗位的创造。因此，根据这种观点，迄今为止所作出的最大努力是集中力量削减赤字并使全球经济恢复至正增长态势，因为人们认为，在此之后，自然会实现就业岗位的创造。因此，采取更加直接的努力，以刺激就业岗位创造并大幅增加在危机面前最为脆弱的群体的收入，一直是位居其次的重要措施。

如今，有迹象显示，上述假设被证明适得其反，因此，需要证明存在一种适合上述目的且以就业岗位为中心的替代性策略，这一点至关重要。此外，必不可少的一点是，需要通过行之有效的具体政策示例来培育这种替代性策略，在这个方面，国际劳工组织发挥了关键作用，通过了《全球就业协议》，并且它还可通过政策分析论坛发挥更大的作用。

一直以来，另一项起作用的因素是实体经济的呼声与金融部门的呼声之间的失衡。两者都很重要，但是两者的声音同时都需要被听取。为了弥补这种需求，可以首先考虑建立国家就业和社会观察机构。此举有助于判定失业水平的上限，超过此限度，将需要采取新的措施——这与控制通货膨胀或财政目标所采取的措施颇为相似。这项任务可以通过建立独立且权威的观察机构而得以加速推进，该机构可监督和预测劳动力市场的趋势，负责针对政策建议实施就业影响独立评估。它们的职责将是提醒政府，不要采取或继续施行根本不可能实现就业目标的政策。

其次，对建立国家磋商论坛进行有力论证，通过论坛，政府和社会合作方可对经济和社会政策开展讨论。尽管讨论结果不具约束力，但是此类磋商可以为政府针对劳动力市场的当前状况及失业展望提供重要反馈。对于所设立的旨在监督和评估劳动力市场发展和政策影响的国家监察部门或机构，该论坛还可以在与其开展的合作与磋商中发挥核心作用。

最后，全球经济治理领域的改革将大幅促进全国性的政策转变努力，新的政策将确保增加就业水平。此项改革的关键目标是确保全球经济有效需求的高水平和稳定性。此举将要求做到以下几点：（1）确保各项经济政策之间有效的国际协调，以消除可导致全球失衡且限制潜在全球经济增长的“以邻为壑”政策；（2）消除全球经济稳定不断面临的挑战，使之免受波动性强且不受任何监管的跨国金融流动的影响；（3）出台协调一致的宏观经济政策，以应对未来全球经济危机。

总之，本报告呼吁各国为现行政策策略的巨大转变培育必要的环境。报告强调，有必要采取某种策略，从而使人们认识到将就业岗位创造置于政策日程之首的重要性及促进宏观经济、就业和社会政策之间协调一致的必要性。这需要在国家和国际治理方面实施重大变革，这无疑是一项巨大的任务。尽管该项任务要求苛刻，但只要朝着这个方向前进，即使渐进性的措施也将获得可观的回报，即更好的就业前景和更高效的经济。

目　录

图、表、专栏

图

第一章

第二章

表

专栏

第一章
就业、工作岗位的质量及全球危机对社会的影响*

主要研究成果

- 全球就业形势仍然没有从始于2008年的那场全球危机中完全复苏。2011年的全球就业率为60.3%，比危机之前下降了0.9个百分点。这就意味着，与危机前的情形相比，目前的就业岗位减少了约5000万个。
- 在最近的就业趋势中，各国之间呈现明显的差异。在新兴和发展中经济体中，就业率的复苏要快得多，后者尤其如此。作为一个群体，这些经济体已经超越了危机前的水平。相比之下，许多发达经济体和北非地区的就业率仍然裹足不前。
- 尽管各国之间存在差异，但是在确保所有国家实现可持续就业复苏方面，仍然存在需要解决的共同问题。第一，对于绝大多数国家而言，诸如年轻人和长期失业者群体在实现就业方面面临极大困难。在约80%的发达经济体及2/3的发展中经济体中，青年失业率均出现了上升。平均而言，发达经济体中超过36%的求职者的失业时间均超过了一年。
- 第二，在已经恢复就业增长势头的许多国家中，所提供的就业岗位通常都是短期的。在就业增长已经复苏的大多数国家中，非自愿兼职工作和临时性就业处于上升趋势。2/3的发达经济体和超过一半以上的此类经济体分别出现了非自愿兼职就业和临时就业的增长。非正式就业的占比依然很高，在可获得数据的新兴和发展中国家中，该比例超过了40%。然而，在这些总体趋势中，也有一些例外情况，特别是奥地利、比利时、巴西、智利、德国、印度尼西亚、秘鲁、波兰、泰国、乌拉圭在没有降低就业岗位质量的同时实现了就业率的增长。
- 第三，这场危机导致一半的发达经济体和1/3的发展中经济体的贫困率有所上升。同样，不到一半的发达经济体和1/4的新兴和发展中经济体的收入差

---

* 感谢就业部门趋势分析小组提供的全球失业情况预测以及萨米尔·卡蒂瓦达（研究所）提供的社会动荡因素分析图表。

距呈现出上升态势。此外，在获取教育、食物、土地和信贷方面的不平等性也进一步加剧。

- 第四，与2010年相比，在106个国家中，有57个国家2011年的社会动荡指数有所增加。撒哈拉以南非洲、中东和北非地区的社会动荡风险最高。在亚洲和拉丁美洲的几个国家中——这些国家的就业已经复苏，有些国家的就业岗位的质量有所改善——2010年和2011年期间的社会动荡风险有所下降。
- 根据预测，以目前的趋势来看，发达经济体的就业在2016年年底之前不会达到危机前的水平。目前出现的经济放缓也影响了新兴和发展中经济体的就业前景。根据对全球失业情况的预测，2012年，约有2.02亿人将失去工作，而失业率将会上升至6.1%。

引言

在全球经济危机爆发的四年之后，全球劳动力市场的就业率依然低于危机之前的峰值水平（国际劳工组织，2012年）。最近的趋势显示，许多发达经济体的劳动力市场复苏一直处于疲软状态。随着经济增长的放缓，发展中经济体的就业增长也相应地出现了下降态势。假如发展中经济体无法大幅增加内需，那么欧元区需求下降所产生的溢出效应将通过贸易和金融联系影响到其他地区（联合国经济与社会事务部，2012年）。

除了上述的总体趋势之外，本章还将详细考察长期的经济动荡给劳动力市场造成的深刻影响。本章将分析其对失业、长期失业和劳动力市场的非经济活动（第一节）及就业岗位的质量（第二节）、贫困及收入差距趋势（第三节）等造成的影响。最后，本章对就业趋势进行了预测，并介绍了本报告的其余有关内容（第四节）。

第一节　就业趋势

在过去的一年中，发达经济体（0.1%）比发展中经济体（2.2%）的就业复苏步伐更为缓慢。与经济危机期间（2007—2010年）的情况相比（危机期间的就业率下降了1.7%），发达经济体的就业复苏显得微乎其微。相比之下，与危机期间的就业增长（3.8%）相比，发展中经济体就业增长的下降超过了一个百分点（2.2%）。

劳动力市场仍未从全球经济危机中完全恢复过来……

尽管去年的情况所有改善，但是劳动力市场仍未从全球经济危机中完全恢复。2007—2011年期间，发达经济体的就业增长总体下降了1.6%。就可获取数据的国家而言，自2007年以来，在36个发达经济体中（16%），有6个（奥地利、德国、以色列、卢森堡、马耳他和波兰）经济体的就业率呈上升趋势，而60%（在29个国家中有17个国家）的发展中经济体的就业率都有所增加（见图1.1）。拉丁美洲地区（智利、哥伦比亚和乌拉圭）的一些发展中国家将其就业率提高了

图 1.1　2007 年第三季度和 2011 年第三季度就业率（百分比）

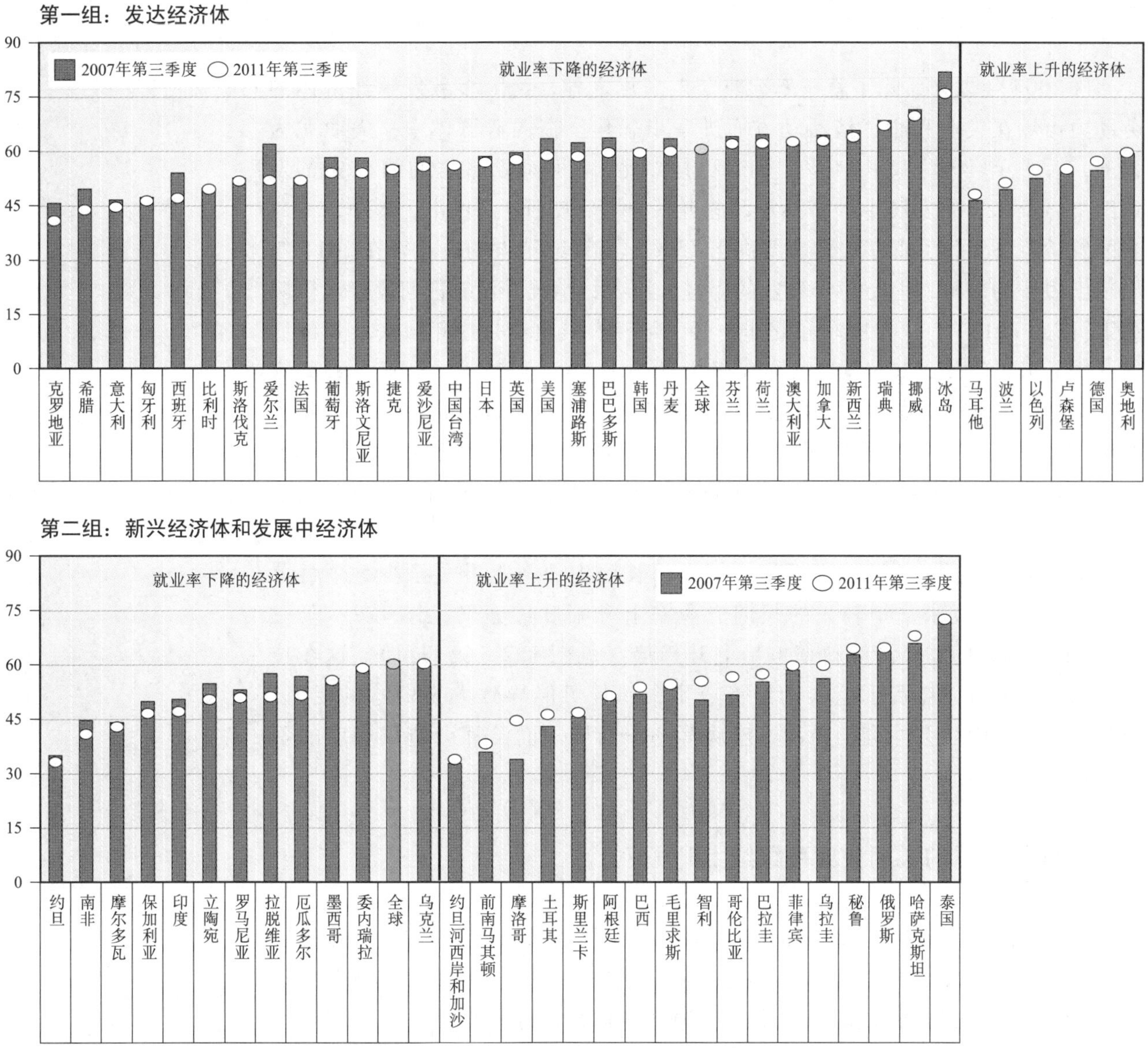

注：阿根廷、以色列和斯里兰卡为第二季度数据，而摩洛哥和乌拉圭为第一季度数据。全球数据为国际劳工组织对 2012 年全球就业率的基线情形所做的估计。

资料来源：国际劳工研究所根据欧洲统计局、经济合作与发展组织就业数据库和各国数据所进行的估算。

3 个百分点以上，而该地区其他国家的这一比率仍低于 2007 年的峰值水平。在发展中经济体中，基于消费和投资的内需推动了经济强劲增长，同时，实际工资也在持续增加，这一切实际上已经帮助许多此类经济体实现了就业率的上升。在发达经济体中，德国的就业率之所以能够上升，大部分应归功于“缩短工时”（Kurzarbeit）[1] 方案。

1　Kurzarbeit 是指德国实施的“缩短工作时间”或“减少工时”计划。据此，公司签订一项协议，通过减少所有或大多数员工的工作时间，从而避免解雇员工，而政府负责弥补一些员工的收入损失。

……年轻人失业情况普遍恶化……

自2007年以来，除了就业率远非令人满意之外，绝大多数发达经济体的劳动力市场在失业和非经济活动方面进一步恶化。在弱势群体中，失业尤为普遍，对于年轻人（15—24岁）而言更是如此。在可获取数据的约80%的发达经济体及2/3的发展中经济体中，青年失业率均出现了上升。此外，在一半的发达经济体中，青年失业率要高出15%。尽管成年人的失业率在2011年出现了短暂的缓解，但是对于失业的年轻人而言，情况并没有任何改善（国际劳工组织，2012年）。在中东和北非地区，年轻人失业量是成年人失业量的四倍（国际劳工组织，2012年），而年轻人的失业率高达25%。尽管一些国家——主要是奥地利和德国——采取措施，改善了其就业情况，也降低了青年失业率，但是另一些国家的青年失业率却攀升至45%，如西班牙和希腊。尤其值得注意的是，自2007年以来，西班牙的青年失业率增加了28%（从18%增加至45.8%）。

在发达经济体，各年龄群组的成年人的长期失业率上升了至少5个百分点。自2007年以来，年轻人的长期失业率上升幅度最大（见图1.2，第三组），而年轻人的非经济活动率也呈上升趋势（见图1.2，第四组）。这在技能和动力损失方面耗费了巨大的经济成本，而且可能导致人力资本的贬值。同时，还可能因社会冲突、骚乱、疾病等的不断增加而给社会造成相应的不利影响。

……发达经济体的长期失业率继续上升……

就全球而言，与发展中经济体相比，发达经济体的长期失业率的上升幅度要大得多（见图1.2，第一组）。在一半的发达经济体中，超过40%的失业人员为长期失业者，即失业时间超过12个月。自2007年以来，丹麦、爱尔兰、西班牙、英国和美国的长期失业率上升的幅度最大。大量长期失业人员的出现可能带来巨大的经济和社会成本。在长期失业率下降的国家中，如捷克、芬兰、希腊、荷兰、葡萄牙及斯洛文尼亚，非经济活动率实际上有所上升。这可能意味着，许多长期失业者已经退出了劳动力市场。诸如澳大利亚和德国等国家的长期失业率的上升幅度相对较小。

相比之下，在可获取信息的绝大多数的发展中经济体中，长期失业率和非经济活动率均出现了下降态势（见图1.2，第一组和第二组）。之所以出现如此现象，是因为这些经济体缺乏失业救济，劳动力为了获取收入而转向非正式部门就业。

……而且，正在出现大幅的减缓。

如前所述，大多数国家均没有从这场全球经济危机中完全恢复过来，而短期的趋势表明，劳动力市场的复苏将出现进一步的减缓。在20国集团中，几个拉美国家的就业率暂时得以继续上升，如阿根廷、巴西、墨西哥，还有印度尼西亚、

图 1.2　2007 年第三季度和 2011 年第三季度长期失业率和非经济活动率（百分比）

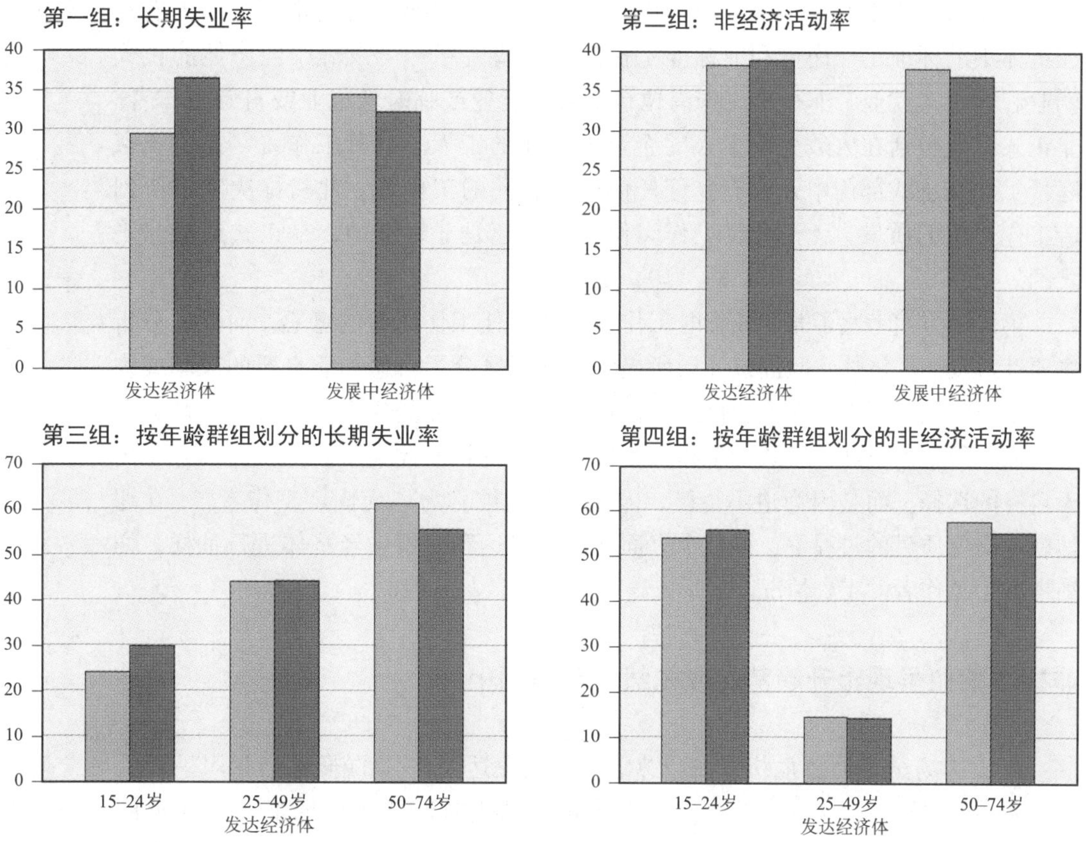

注：长期失业率是指谋求工作时间超过一年的求职者的数量占总求职者数量的比率。非经济活动率是指达到工作年龄却没有参加工作的人口数量占适龄工作人口总数量的百分比。

资料来源：国际劳工研究所根据欧洲统计局、经济合作与发展组织就业数据库和各国数据所进行的估算。

俄罗斯和土耳其。在可获取最新统计数据的其他国家中，就业率呈现出停滞不前或“二次探底”的趋势，如中国、欧盟、印度和沙特阿拉伯。

第二节　就业岗位质量

如前一节所述，发达经济体的情况依然远低于 2007 年的峰值水平，而这一群组中的几乎所有国家的失业率都呈现出持续攀升的趋势。然而，自危机爆发以来，几乎没有任何有关就业岗位质量的实际证据。本节旨在讨论就业岗位的质量，就业岗位质量是一个多维度概念，其中包括工作和就业的各种不同属性及方面。在参考文献中，就业岗位质量的这些各种不同的方面被描述为劳动报酬、权利关系、合同地位及就业稳定性、工作时间等（如欲了解有关这些方面不同视角的详情，请参见穆尼奥斯德·布斯蒂罗与德佩德拉萨的著作，2010 年）。[1] 就业质量的所有这些方面均可对工作者及其职业发展的福祉产生潜在影响。下文在探讨就业岗位质量的问题时，所考虑的因素仅有三个：首先是合同状态及就业的稳定性；其次是在某种特定就业状况下继续工作的意愿；第三是

1　附录 B 分析了非标准就业的决定因素。

劳动报酬，即工资。将所有这三个方面的因素进行综合，便可反映就业的质量。

就业岗位质量的第一个方面考虑了合同状态和就业的稳定性，此即为发达经济体中的标准工作岗位和非标准工作岗位，或者相当于发展中经济体的正式就业和非正式就业。非标准工作岗位包括兼职就业或临时性就业或自营工作者。非正式就业包括在人数少于 5 人的企业中工作的工人、自营工作者、无工资家庭帮工和在正式部门中并没有签订任何适当合同的工作者。此指标决定了所创造工作岗位的质量，无论此类工作岗位是标准还是非标准的，是正式还是非正式的。

第二个方面考察了兼职或临时工作者继续留任工作岗位的意愿，而此项分析主要针对发达经济体。欧洲统计局所提供的数据区分了自愿和非自愿的兼职或临时性工作岗位。根据定义，非自愿工作是指工作者因无法找到全职或永久性就业岗位而不得不从事此类形式的工作。工作者之所以从事此类形式的工作，并非出于自身的选择，而是因为迫不得已，因此，他们被称为“无固定工作者”。[1] 在评估就业岗位质量的过程中，第三个方面通过对发达和发展中经济体进行抽样，详细考察了工作者的工资情况。

非标准就业呈现上升趋势，或依然居高不下……

自从这场全球经济危机爆发以来，2/3 的发达经济体的兼职就业均呈现上升趋势（见图 1.3，第一组），其中一半国家的临时性就业出现了上升（见图 1.3，第二组）。在目前这场危机发生之前，非标准就业的上升便已经是广为人知的一种现象（豪斯曼与大泽，2003 年）。《2008 年世界劳工报告》（国际劳工组织，2008 年）显示，在过去的 20 年中，兼职和临时性就业发生率呈现上升态势。在危机发生之初，大部分的就业损失均是由临时性和兼职工作者的流失所造成的，尽管如此，在 2007—2010 年期间，许多国家的就业在缓慢复苏的同时还伴随着兼职或临时性就业的上升。例如，尽管西班牙和波兰在危机期间临时性就业的损失巨大，但是两国的临时性就业比例在欧洲名列前茅（20%）。

发达经济体中非标准就业比例的上升可能属于非固定性质，即非自愿兼职和临时性就业。在绝大多数的发达国家中，非自愿兼职和临时性就业所占的份额呈现上升趋势（见图 1.4，第一组和第二组）。2007 年，非自愿兼职和临时性工作者所占的份额分别为兼职和临时性工作者的 22% 和 60% 以上；2010 年，整个欧洲的这两个数据分别上升到了 26% 和 62%。在一些国家中，非固定就业的创造还导致了失业率的下降。

在危机期间，奥地利、比利时和德国的非固定就业（含非自愿兼职和临时性就业）出现了下降，与此同时，东欧和南欧国家的非固定就业出现了上升（见

1　根据参考文献，不固定工作具有如下几个特征：低工资（最低工资或低于最低工资，若存在），不确定性和不安全感（针对工作时间、收入、多重可能的雇主、需要执行的任务或劳务关系的存续），缺乏保护（避免使劳务关系终结、避免使享有的社会保护和非工资就业利益丧失：病假、探亲假或育婴假），无任何明确或暗示的合同，缺乏或缺少锻炼、工会及工作方面的权利（卡尔伯格，2009 年；塔克，2002 年）。然而，由于缺乏上述不同方面的有关数据，我们在分析时仅局限于“非自愿”兼职和临时性的工作者。

图 1.3　2007 年和 2010 年发达经济体的非标准就业发生率

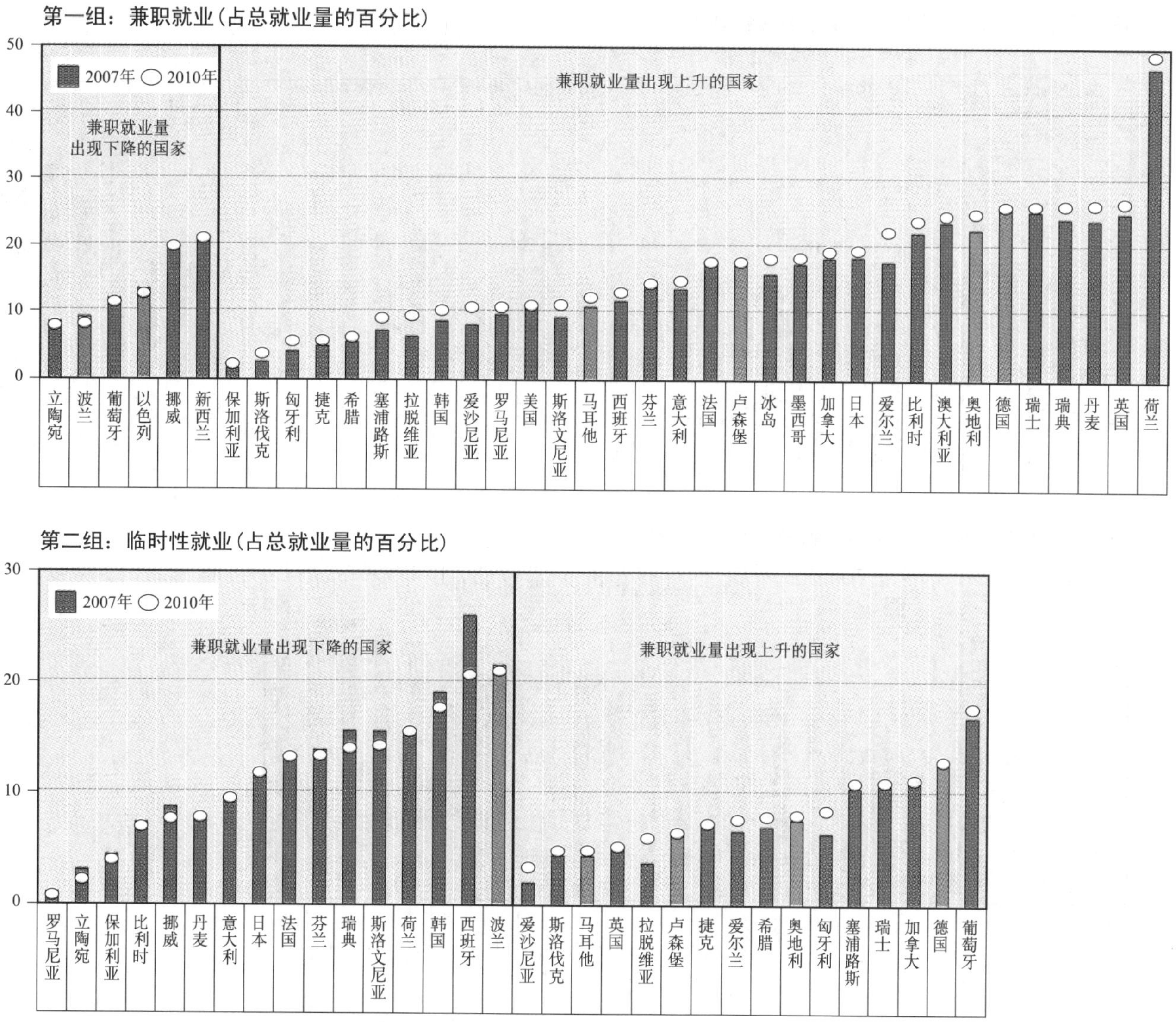

注：灰色柱代表就业率出现上升的国家。

资料来源：国际劳工研究所根据欧洲统计局、经济合作与发展组织就业数据库和各国数据所进行的估算。

图 1.4，第一组和第二组）。在希腊、意大利和西班牙，非自愿兼职就业相对较高，2010 年约为 50%；而希腊、葡萄牙和西班牙的非自愿临时性就业则上升到 80% 的高位。如若对危机前和 2010 年的非自愿兼职及临时就业情况进行对比（以危机前数据情况作为 2001—2007 年的平均值），则可发现，自危机发生以来，与失业和永久性工作岗位的增加相比，非自愿兼职和临时性就业增长的幅度更大。这无疑表明，社会在危机期间创造了更多的非固定就业。

……对于可获取数据的大多数发展中国家而言，非正式就业量依然居高不下。

对于可获取数据的国家而言，其中 2/3 国家的非正式就业发生率依然居高不下，占非农业就业的 40% 以上（见图 1.5）。自危机爆发以来，约 60% 的国家的非正式就业维持在稳定的水平或出现了小幅下降。非正式就业为就业不充分者提供

图 1.4　2007 年和 2010 年发达经济体的非固定就业发生率

第一组：非自愿兼职就业（占总兼职就业量的百分比）

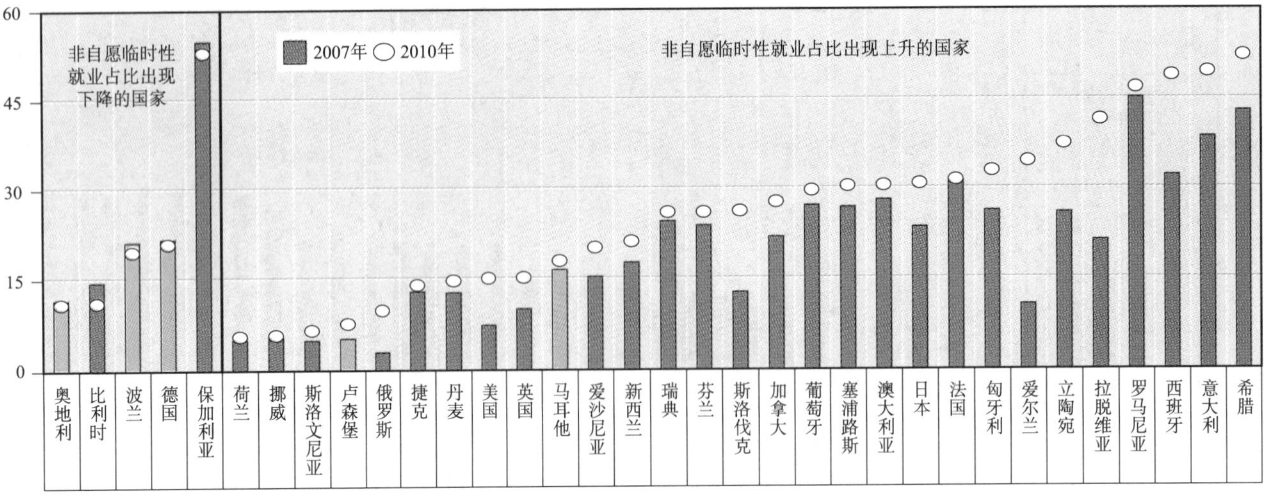

第二组：非自愿临时性就业（占总临时就业量的百分比）

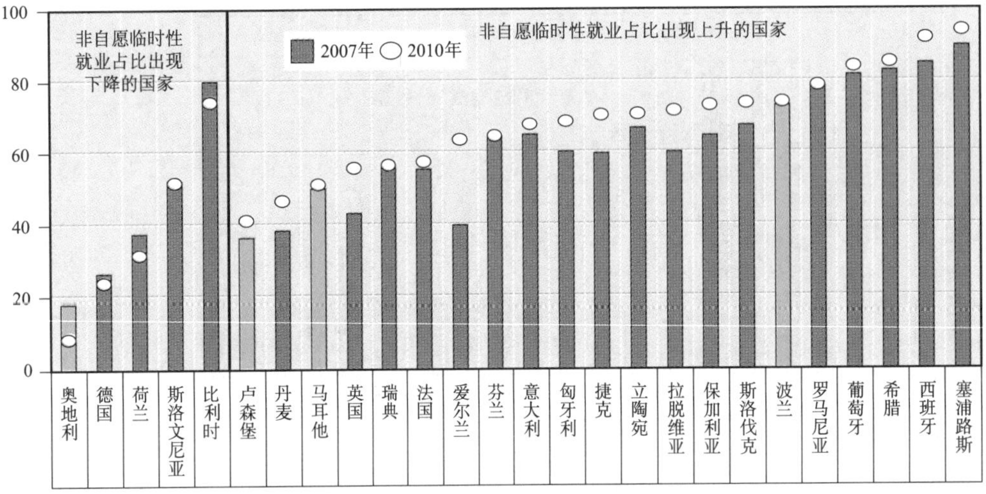

注：灰色柱代表就业率出现上升的国家。

资料来源：国际劳工研究所根据欧洲统计局、经济合作与发展组织就业数据库和各国数据所进行的估算。

了庇护，同时也提供了使家庭摆脱贫困的机会。有证据显示，在一些拉美国家，与时间有关的不充分就业[1]出现了小幅下降（阿根廷、巴西、智利、哥伦比亚、厄瓜多尔、墨西哥、秘鲁和乌拉圭）（拉丁美洲和加勒比经济委员会，2012 年）。同样，在亚洲地区，印度实施的《国家农村就业保障计划》减少了不充分就业，与此同时大幅增加了农村地区的就业机会和工资（拉尼和贝尔瑟，即将出版）。在 2006—2010 年期间，斯里兰卡的不充分就业下降了 2.1 个百分点（财政与规划部，2011 年）。

1　与时间有关的不充分就业的定义源自拉丁美洲和加勒比经济委员会。它被定义为工作时间非自愿性地少于某一既定经济活动所决定的正常的工作持续时间。

图 1.5　发展中经济体的非正式就业（占非农业总就业量的百分比）

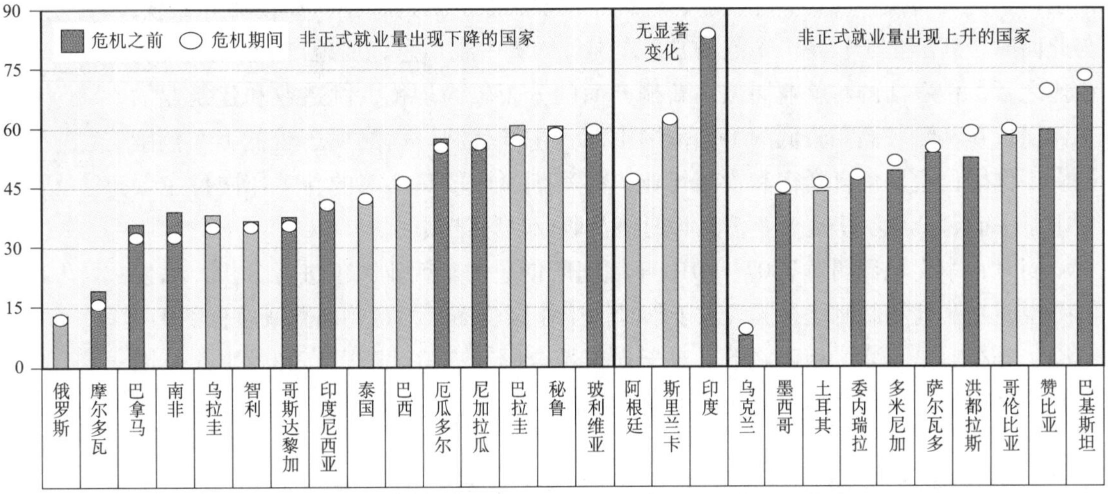

注：对于巴基斯坦、俄罗斯、土耳其和乌克兰而言，此数据仅为非正式部门中的就业量（不含在正式部门中没有签订任何适当合同的工作者）；对于所有其他国家而言，此数据系对非正式就业量的估测数据。

灰色柱代表就业率出现上升的国家。

资料来源：对拉丁美洲国家的估测数据均源自《就业展望》（2011 年）；赞比亚、南非、土耳其、摩尔多瓦、俄罗斯、乌克拉、斯里兰卡及泰国的数据经过国际劳工组织数据统计部的编译，并由瓦内克等人出版（即将出版）。印度、印度尼西亚和巴基斯坦的数据均为国际劳工研究所根据国家数据进行的估测。

支付给临时工作者的工资相对较低……

支付给非标准就业工作者的工资相对较低。《2008 年世界劳工报告》（国际劳工组织，2008 年）显示，欧洲国家签订有固定期限合同的工作者比永久性员工的工资要低。对九个国家（发达和发展中）临时合同进行的一项分析表明，临时工作者的工资比许多国家永久工作者的工资低约 40%。[1] 同时，早期的实际证据也显示，即使在其他个体特征保持不变的前提下，固定期限就业岗位的工资比永久性岗位的工资更低（斯坦卡内利，2002 年；阿穆埃多-杜兰特斯和塞拉诺-帕蒂亚尔，2005 年）。在当前的这场危机期间，这种趋势在许多国家中均十分普遍。同时，许多可获得数据的发展中国家也出现了这一现象，在这些国家中，非正式工作岗位的工资比正式工作岗位的工资低 40%，因此，工资差距日益扩大（国际劳工组织，2008 年）。

……而所创造出的新工作岗位提供的工资往往相对较低。

对可获取数据的 20 个国家而言，如若详细分析其在 2007—2010 年期间所创造出的工作岗位的性质，则结果显示，首先，绝大多数的新工作岗位的工资均低于平均工资。阿根廷、墨西哥、荷兰、南非和西班牙尤为如此。其次，分析表明，新的低薪酬就业岗位比新的高薪工作岗位的稳定性更差。这个方面再次呈现出各

1　工资低 40% 的国家有德国、墨西哥、南非和西班牙。此项分析所根据的是恰登斯等人（2010 年）所创建的工资指标数据集。如欲了解此项分析的更多详情，请联系作者。

国之间的差异性，例如，瑞典和荷兰的大多数新工作岗位的薪酬均处于较低的1/5范围内，此类岗位往往集中在农业、建筑、批发和零售贸易、住宿和食品等领域，与此同时，薪酬位于较高1/5范围的工作岗位均集中在信息、房地产和金融部门。相比之下，俄罗斯的新就业岗位在薪酬方面的分布较为均衡，制造业和建筑业的工作岗位在薪酬较高和较低的1/5范围中均占主导优势。薪酬属于较低1/5范围的新工作岗位主要源自膳宿和食品行业，而薪酬属于较高1/5的新工作岗位主要集中于采矿、金融、房地产、信息和通信及职业与科技领域。

同时，本文也试图对2007—2010年期间所创造的新就业岗位进行分析，以便解释说明永久性和临时性合同。对于临时性工作岗位而言，愈趋向薪酬较低的1/5范围，分布愈是不均。相比之下，对于永久性合同而言，薪酬较高和较1/5范围之间的分布具有更浓厚的同质性（见图1.6）。

各国之间在新创造就业岗位的数量和质量方面存在巨大差异。

为了深化此前对新创造就业岗位性质所做分析，根据其自2007年以来的就业记录及自2007年以来是否出现了非标准就业发生率上升等条件，将国家分为四个类别（见图1.7）。对于本分析而言，非标准就业包括发达国家的临时性就业或非固定工作者（非自愿兼职和临时性就业）及发展中国家的非正式就业。

类别1由自2007年以来就业率呈现上升趋势的国家和非标准就业发生率呈现下降趋势的国家组成（见图1.7，类别1）。此群组包含奥地利、比利时、巴西、智利、德国、印度尼西亚、秘鲁、波兰、泰国、巴拉圭和乌拉圭。

类别2由就业率呈现上升趋势（与2007年相比）的国家和非标准就业发生率呈现上升趋势的国家组成（见图1.7，类别2）。此群组包含哥伦比亚、卢森堡、马耳他、土耳其和乌克兰。

类别3由就业率呈现下降趋势（与2007年相比）的国家和非标准就业发生率也呈现下降趋势的国家组成（见图1.7，类别3）。这表明，危机对就业岗位质量的影响实际上可能利弊兼具，因为最先损失的通常是最差的就业岗位，从而通过复合效应导致就业岗位的质量从总体上有所改善。该群组包含阿根廷、丹麦、厄

图1.6　按工资五分法划分的2007—2010年新创造的就业岗位（百分比）

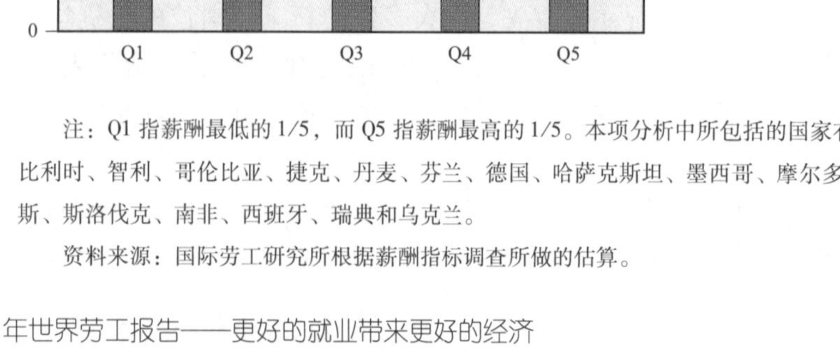

注：Q1指薪酬最低的1/5，而Q5指薪酬最高的1/5。本项分析中所包括的国家有：阿根廷、白俄罗斯、比利时、智利、哥伦比亚、捷克、丹麦、芬兰、德国、哈萨克斯坦、墨西哥、摩尔多瓦、荷兰、波兰、俄罗斯、斯洛伐克、南非、西班牙、瑞典和乌克兰。

资料来源：国际劳工研究所根据薪酬指标调查所做的估算。

图 1.7　就业率和非标准就业发生率及 2007 年和 2010 年期间两者的变化情况

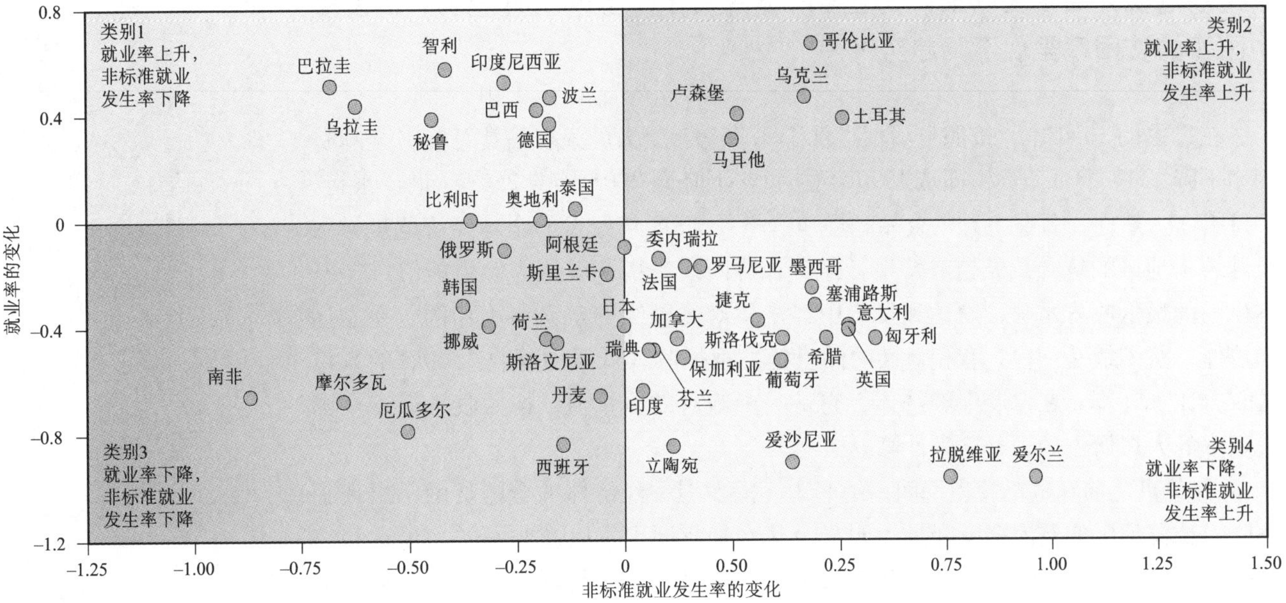

资料来源：国际劳工研究所的估算。

瓜多尔、日本、荷兰、挪威、韩国、摩尔多瓦、俄罗斯、斯洛文尼亚、西班牙、南非和斯里兰卡。然而，此类别的国家在制度方面存在相对的差异性。荷兰和丹麦的兼职就业占比最高，两个国家对此种类型的就业依赖性较强，这在一定程度上抑制了临时性就业的增长。相比之下，通过摧毁临时性就业岗位，西班牙使就业岗位质量有所改善。同时，西班牙 2009 年从临时性就业岗位到失业的过渡人数占比最高。

类别 4 由就业率呈现下降趋势（与 2007 年相比）的国家和非标准就业发生率呈现上升趋势的国家组成（见图 1.7，类别 4）。这一类别所包含的国家数量最多，其中包括委内瑞拉、保加利亚、加拿大、塞浦路斯、捷克、爱沙尼亚、芬兰、法国、希腊、匈牙利、印度、爱尔兰、意大利、拉脱维亚、立陶宛、墨西哥、葡萄牙、罗马尼亚、斯洛伐克、瑞典和英国。

分析表明，诸如奥地利、比利时、巴西、智利、德国、印度尼西亚、秘鲁、波兰、泰国和乌拉圭等国家的就业率出现了上升趋势，同时就减少非标准就业占比而言，丝毫没有影响到就业岗位的质量。在诸如希腊、匈牙利、爱尔兰、意大利、拉脱维亚、葡萄牙和罗马尼亚等国家中，就业态势并没有发生改善，实际上，临时性和非固定就业呈现出上升趋势。

第三节　危机对贫困和收入差距的影响

目前这场全球经济危机所造成的社会影响是多方面的，因为某些国家持续上升的失业率和不断下降的收入进一步加剧了贫困和收入差距。在许多发展中国家，随着从正式部门中失业的劳动力的加入，非正式部门的劳动力数量进一步增加，导致工作者的收入大幅降低。发达经济体的情况也一样，临时性就业和非固定工作者的增加也导致了收入的降低。本节将分析危机对贫困和收入差距的影响。

自这场危机开始爆发以来，发达经济体的贫困率呈现上升趋势，而发展中国家的贫困率呈现下降趋势……

在过去的10年中，按照生活标准低于1.25美元/天的人口占比计算，全球贫困率下降了17个百分点，即从1990年的42%下降到2005年的25%（世界银行，2011年）。[1] 然而，日益上升的食品和燃油价格及2008年爆发的全球经济危机导致全球若干地区的这种积极趋势发生了逆转。贫困线是指一般认为勉强能够维持基本生活的最低收入水平，发达和发展中经济体对贫困线的定义各不相同。在发达经济体，贫困线是一种具有相对性的测量值，根据收入低于中等收入60%的人口的百分比来计算。在发展中经济体，它是一个绝对的测量值，按照收入低于全国贫困率的人口所占的百分比来计算。

在危机之前和危机发生期间，约有3/4的发展中经济体的全国贫困率出现了下降，拉美地区的贫困率下降最为明显，其次是亚洲国家以及非洲的乌干达和卢旺达（见图1.8，第一组）。在2007—2010年期间，一半发达经济体中的贫困率出现了下降或维持不变（见图1.8，第二组）。由于欧洲所采用的贫困线是一个具有相对性的数值，因此贫困率的降低可能源自总体收入的不成比例的下降而非减贫取得的成效。最近加入欧盟的一些东欧国家的贫困率也出现了下降。由于这些国家此前的贫困率相对较高，因此，加入欧盟似乎对其贫困线产生了积极影响。

然而，假如在计算贫困线的过程中采用绝对的测量值，那么情况或许会有所不同。例如，2007—2010年期间，拉脱维亚的相对贫困率并没有任何显著的变化。然而，假如采用的是绝对贫困线，例如最低生活标准线，那么其在2008—2009年期间的贫困率上升了16个百分点（库拉等人，2011年）。希腊和葡萄牙[2] 的情况似乎也很相似，在危机期间，其人均国内生产总值下降了，而相对贫困率却没有任何变化。鉴于希腊的最低工资下降了20%，这无疑让人颇为费解，因为工资如此大幅的下降应当导致购买力的下降，同时也导致贫困的增加。

减贫的障碍之一是父母向子女的跨代传输，这增加了穷人长期陷入贫困的可能性。某些群体长期陷于贫困的原因之一是低工资。[3] “从历史的角度看，贫困与失业有关”（鲁奇弗拉和索尔佛达，2009年）；然而，就目前的情况看，越来越多的工作者也陷入了贫困。从现有数据来看，许多国家的低工资发生率呈上升趋势：如若对1995—2000年和2007—2009年的情况进行对比，则可发现，德国和阿根廷的上升幅度超过了4%，卢森堡上升了6%，洪都拉斯几乎上升了8%，而巴拿马的上升幅度超过了12%（国际劳工组织，2010a）。对于旨在解决贫困的政策实施而言，低工资和工作性贫困问题显得至关重要。

---

1 根据世界银行的资料显示，该指标是发展中经济体衡量贫困的两个指标之一（另一个是生活标准低于2美元/天的人口占比），其说明的是极端贫困情况。这些估算数据供人们了解全球贫困的总体情况。然而，因为每一个国家的国家贫困率的相关性较大（由于它考虑了该国所特有的经济和社会条件），因而发展中国家通常采用国家贫困率。就发达国家而言，所采用的贫困率是中等收入的60%。

2 研究发现，如若采用绝对测量法，则危机之前至危机期间的贫困率增加了2个百分点（卡兰等人，2011年）。

3 国际劳工组织将低工资定义为“时薪低于所有工作岗位中等薪金2/3的工作者的工资”（国际劳工组织，2010a）。

图 1.8　危机之前及危机期间的贫困率

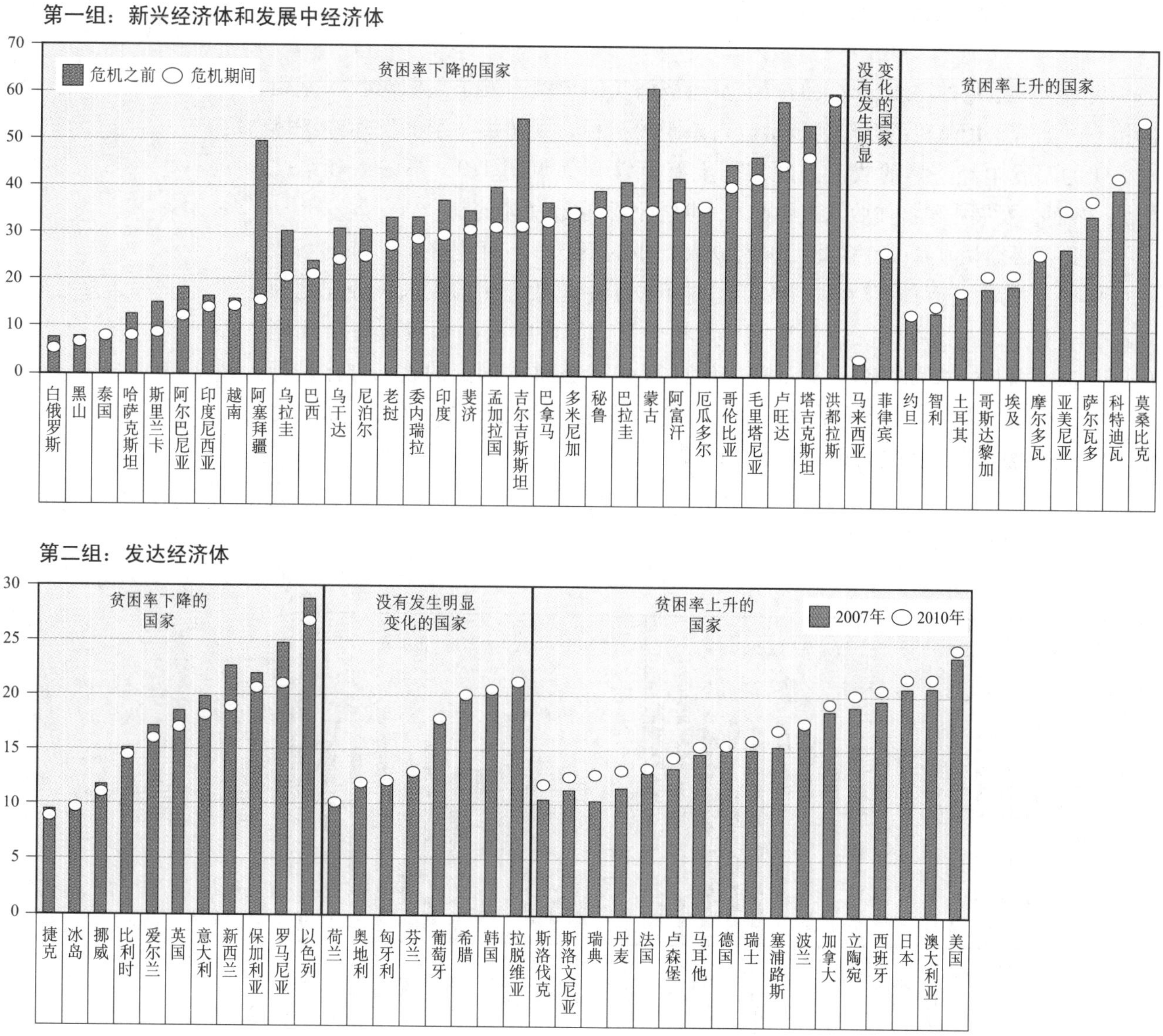

注：对于新兴和发展中经济体而言，贫困率测量所依据的是生活在国家贫困线以下人口所占的百分比。对于发达经济体而言，其测量的依据是生活在中等收入的 60% 以下的人口所占的百分比。对于澳大利亚、加拿大、以色列、日本、朝鲜、新西兰、瑞士和美国而言，此数据系 2000 年中期及最近一年的数据。

资料来源：国际劳工研究所根据世界银行、欧洲统计局和经济合作与发展组织数据库所进行的估算。

除了低工资问题，年轻毕业生的失业问题也可导致跨代贫困。从早前发生的危机中所获得的证据显示，即使在经济增长恢复的很长一段时间之后，青年失业率依然居高不下（国际劳工组织，2010b）。这通常意味着其在未来找到就业岗位的可能性减少了。例如，研究发现，比利时的男性年轻毕业生在失业 21 个月之后找到工作岗位的几率从 60% 下降到 16%，女性则从 47% 下降到 13%（考克斯和皮基奥，2011 年）。毕业就立即失业也对未来的收入产生了巨大的负面影响。例如，在瑞典，那些毕业后立即失业的人在五年之后的收入比在毕业后立即找到工作的人的收入低 30%（加特尔，2009 年）。与此同时，姆罗茨和萨维基（2006 年）发现，在美国，年龄为 22 岁的人如若失业 6 个月，则可导致其未来的收入降低 8%。

……而收入差距的模式也十分类似。

失业人员数量的增加、收入的减少及经济增长的放缓引发了人们对收入差距的担心。如若采用基尼系数作为衡量收入差距的指标，则超过一半的发达经济体和3/4的发展中经济体的收入差距实际上有所缩减（见图1.9，第一组和第二组）。然而，发展中经济体收入差距的水平明显比发达经济体的高。

因此，必须认真解读许多此类国家收入差距的下降。有证据显示，基尼系数在反映收入差距方面可能存在误导作用，对于位于中位数一侧的收入再分配尤为如此。事实上，在这种情况下，基尼系数将会下降，而收入的两极化将会加剧（塞夏娜和蒂科内，2003年）。对可获取信息的44个发展中国家的收入占比进行的一项分析结果表明，最富有的20%人口（Q5）的收入占比几乎为50%，最贫穷的20%人口的收入占比仅为5%（见图1.10）。

图1.9　危机之前及危机期间的收入差距

第一组：发达经济体

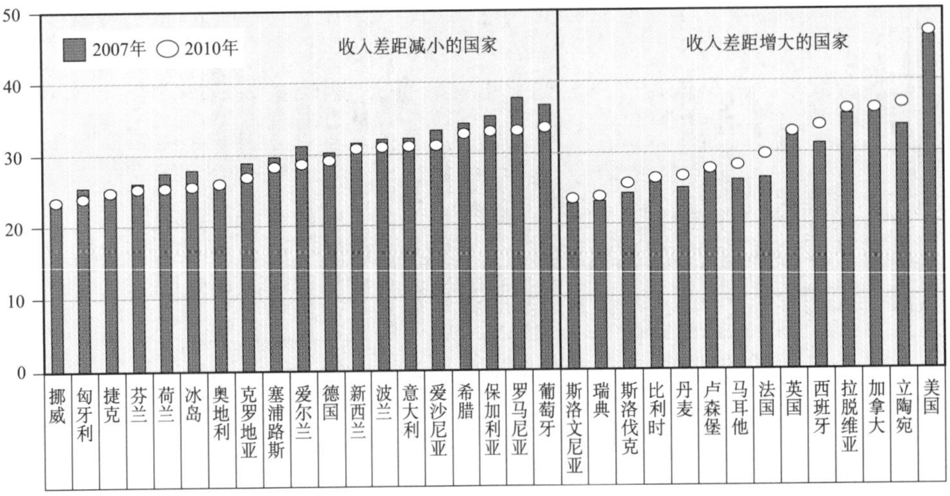

第二组：新兴经济体和发展中经济体

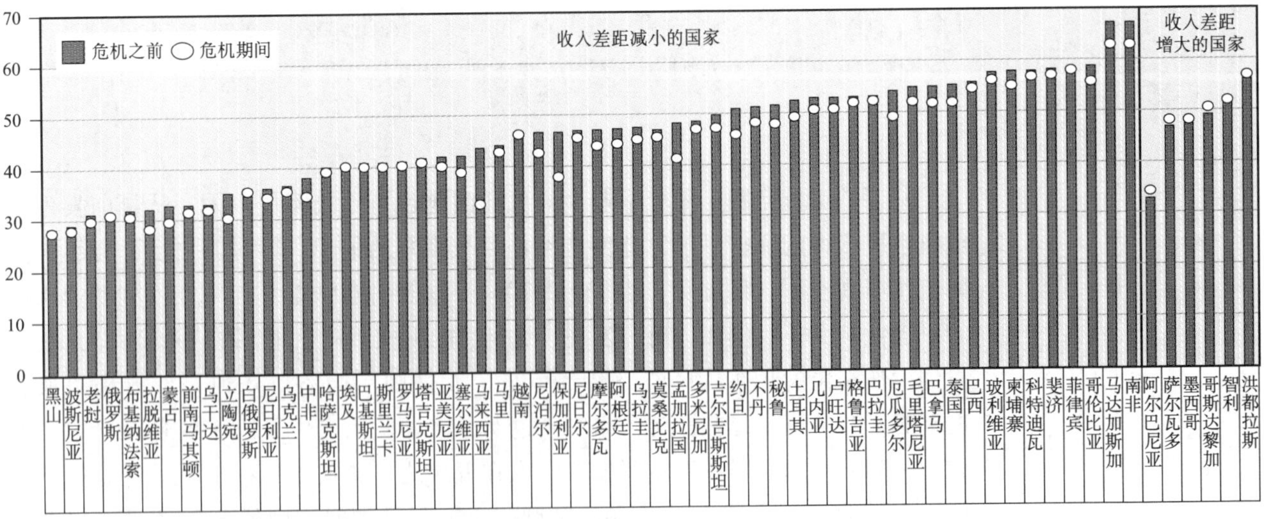

注：加拿大、克罗地亚、塞浦路斯和爱尔兰的数据为2009年的数据。

资料来源：国际劳工研究所根据世界银行数据库、欧洲统计局和各国数据所进行的估算。

图 1.10　按收入五分法划分的 2011 年收入占比（百分比）

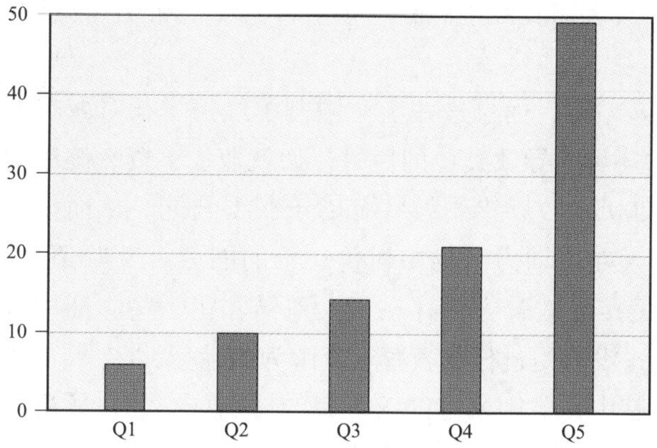

注：Q1 代表收入最少的 1/5 人口，而 Q5 代表收入最高的 1/5 人口。

资料来源：国际劳工研究所根据世界银行数据库所做的估算。

非收入性不平等因素日趋增加。

此外，还存在非收入性不平等因素，而基尼系数对此并没有体现。这些全球性的不平等性因素包括医疗、享受教育、就业、性别等方面的不平等，这些因素除了可加剧贫困之外，还可导致相关群体在社会中进一步被边缘化。在这里，我们将对其中的一些因素加以详细分析。

与医疗有关的不平等是一项重要的非经济性不平等因素，在发达和发展中经济体，这一因素一直呈现上升趋势。在发展中和欠发达经济体，民众所享有的医疗保健十分有限，而医疗保险的承保范围也并非十分全面，因此，医疗方面的费用通常都会由私人家庭自行负责，而这些家庭无法支付如此高昂的费用。最近，在发生食物及燃油危机之后，孟加拉国和牙买加的贫困家庭“报告称更难以支付医疗服务的费用”，因而导致居民“自我诊疗和求助民间疗法”（国家发展研究所(IDS)，2009 年）。据报道，在巴基斯坦最贫困的 20% 的家庭中，“无法支付医疗费用的家庭数量从 6% 上升到 30%”（萨诺戈，2009 年）。这场危机还导致许多国家所接受的外国医疗项目援助步伐放缓。例如，在 2008—2009 年期间，医疗发展援助停滞不前或出现了下降（法国、卢森堡、荷兰、爱尔兰、意大利、葡萄牙等国家）；此类援助在许多国家中即使有所上升，但幅度也很小；例外情况仅有如挪威和英国等国家（卫生计量与评估研究所，2010 年、2011 年）。一些撒哈拉以南非洲国家，如博茨瓦纳、南非和坦桑尼亚，也宣布削减针对艾滋病病毒/艾滋病的政府预算，此举可能对弱势群体产生重大影响。

在危机发生之后，欧洲某些国家（如希腊）的情况发生了恶化。许多希腊人失去了通过就业而获得医疗服务的途径，而此前，这一途径曾经促使许多人从私营部门的医疗服务转向国家医疗机构。[1] 与此同时，紧缩措施导致公立医院的预算削减 40%，这又造成人员配备不足和医疗供应品缺乏的问题。有报告称，这导致 2007—2009 年期间医疗需求未得到满足和“健康状况不佳”的人员数量大幅上升。光顾非政府组织经营的街道诊所的人口从 3%—4% 猛增至 30%，这使弱势群体所面临的困境日益恶化（肯提可勒宁斯等人，2011 年）。美国则提供了危机后

1　参见网站：http：//www. guardian. co. uk/world/2011/oct/10/greece-economic-crisis-health。

层出不穷的与医疗有关的问题的另一实例。“在失去雇主提供的医疗保障之后，由于所产生的医疗费用数额巨大”，许多家庭几乎濒临“破产”（联合国经济与社会事务部，2010 年）。

教育权利的不平等加剧了收入差距，而且进一步“限制了经济增长对减贫的作用”（艾哈迈德，2003 年）。这还可能导致其他的后果，如就业、工资、健康问题（联合国经济与社会事务部，2005 年）。接受教育有助于获得技能，从而提高获得就业机会的能力，并增强个人在劳动力市场中讨价还价的能力（艾哈迈德，2003 年）。然而，全球各国在居民接受教育方面存在很大差异。在一些非洲国家（贝宁、布基纳法索和塞内加尔），没有受过任何教育、年龄为 25 岁及以上人口所占的比例一直维持在 60% 以上，其中，贫困家庭缺乏教育的比例更高。在危机期间，这一情况进一步恶化，因为贫困家庭面临的经济负担更为沉重，导致儿童的辍学率上升（联合国教科文组织，2011 年）。在危机发生之后，由于支付不起学费、儿童进入劳动力市场以增加家庭收入以及缺乏足够的食物等原因，许多国家（孟加拉国、肯尼亚和赞比亚）的辍学率大幅上升（国家发展研究所，2009 年）。根据世界银行和国际货币基金组织估计，由于最近发生的这场危机，到 2015 年，“超过 35 万学生将无法完成小学学业”（世界银行和国际货币基金组织，2010 年）。

所有的不平等中，获取食物方面的不平等性是让人最为担忧的。2009 年，营养不良人口的数量达到了历史性的峰值——10.23 亿（联合国粮食及农业组织，2011 年）。穷人的食物开支占其收入的 60% 以上，价格上涨导致穷人买不起食物，他们不得不减少食物消费及所消耗食物的种类，因此在经济危机期间，各种不平等性变得更为突出。在一些国家，如孟加拉国、肯尼亚和牙买加，人们称自己减少了蔬菜、奶酪、牛奶和肉类的消费，并且倾向于购买更加便宜和质量较次的产品（国家发展研究所，2009 年）。

与食物获取有关的另一个问题是土地的使用，在发展中经济体，这一问题严重失衡。例如，在 21 世纪初，巴西、智利、哥伦比亚、乌拉圭和委内瑞拉的土地基尼系数为 0.80（托切和斯伯勒曼，2008 年）。[1] 土地日益集中到为数不多的几个土地所有者手中，许多国家在过去的几十年里，民众失去土地的问题日益突出（孟加拉国、哥伦比亚、菲律宾和泰国）。此外，不少国家的人均耕地面积大幅减少，例如，如今东非和南非的平均耕地面积人均不足 0.3 公顷（国际农业发展基金会（IFAD），2010 年）。无土地者和土地极少者通常都是食物的净购买者，因此，他们在各种冲击面前显得更加脆弱，并且在最近发生的食物危机期间所受到的影响最为严重（IFAD，2010 年）。

获取信贷方面存在巨大不平等，从历史的角度看，那些具有更好信贷价值的人能够比其他人更容易获得贷款。根据国际农业发展基金会的数据，“仅有 10% 的农村社区能够享受到基本的金融服务”。[2] 在危机发生之后，发展中世界的信贷可及性受到了更大的限制。在 2007—2009 年期间，非洲面向私营部门的实际信贷增长大幅下降（布里克西欧瓦和恩迪库马纳，2010 年）。而且，许多地区（如中亚）的微型信贷机构面临日益增多的偿付违约现象，这导致微型企业家的利润减少，同时加剧了资金流动所面临的困难（国际金融公司（IFC），2009 年）。

---

1 土地基尼系数不涵盖无土地者。

2 参见网站：http：//www. ifad. org/ruralfinance。

在几个欧洲国家中，中小型企业（SME）对信贷的获取大幅减少。例如，2009 年，爱沙尼亚和拉脱维亚“在信贷方面比 2005 年紧缩约 15%”，其主要原因是信贷配给（麦卡恩，2011 年）。2010 年，希腊在面向私营部门的信贷增长方面也出现了下降趋势，在 2011 年年初，此类信贷转变为负增长（经济合作与发展组织，2011 年）。欧洲的中小型企业称，其在申请银行贷款时遭遇拒绝的情况上升了 6 个百分点（18%），“与此同时，大型企业申请银行贷款获得成功（72%）和遭到拒绝（5%）的比率仍保持稳定”（欧洲中央银行（ECB），2010 年）。2011 年，与中小型企业相比，大型企业所面临的情形显得更加有利，50% 的大型企业声称，在获得融资方面没有遭遇到任何阻碍。2011 年，在希腊，声称在获得融资时没有遭遇阻碍的中小型企业的数量仅为 8%，葡萄牙为 15%，西班牙为 16%，爱尔兰为 18%，尽管如此，芬兰的此项数据为 64%，德国为 58%，奥地利为 56%（ECB，2011 年）。2011 年，“声称在获得银行贷款时情况恶化的中小型企业的最高净百分比出现在……希腊、爱尔兰和葡萄牙”（分别为 42%、35% 和 31%）（ECB，2011 年）。

第四节　更好的就业带来更好的经济

发达经济体的短期就业前景继续恶化……

如第一节所述，就业率上升的发达经济体的占比不到 20%，发展中经济体的这一占比为 60%。经济增长放缓对就业创造产生了巨大影响。此外，自 2011 年年底以来，全球失业人数开始再次上升，将早前的就业收益一扫而光。2012 年，根据国际劳工组织（2012 年）所预测的经济下行局势，约有 2.02 亿人将面临失业。今年，失业率将进一步上升，达到全球劳动力的 6.1%，2012 年将增至 6.2%。尽管就业率出现了缓慢但有限的下降，但是求职者人数将继续膨胀，将在 2016 年之前达到 2.1 亿。

发达经济体的就业水平在 2016 年年底之前将无法恢复到危机之前的水平（见图 1.11，第一组）。鉴于目前的就业率依然低于 2007 年的峰值水平，即使产出增长继续保持目前的速度，就业复苏也将需要五年以上的时间（见图 1.11，第二组）。

……新兴和发展中经济体的情况有所改善，即使发展十分不均衡。

发达经济体缓慢的就业增长正在对新兴经济体产生不利影响，这些经济体也开始出现了减缓迹象。该群组许多国家的就业率已经有所上升，但是依然低于 2007 年的峰值水平，迄今为止仍未恢复至原来的水平（见图 1.12）。起初，就业率出现了增长迹象，对 2011 年的复苏产生了巨大的潜在促进作用，但是目前的经济放缓延迟了复苏的可能性。从短期来看，目前的经济放缓所产生的影响可能持续一年时间，随后，就业率将开始增长。

图 1.11　就业预测：发达经济体

第一组：总就业量（峰值=100）

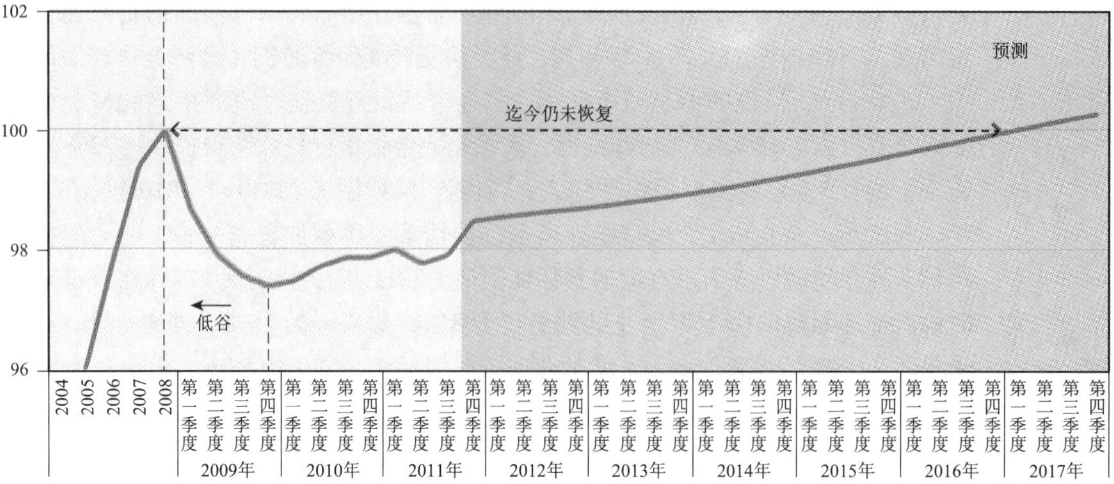

第二组：失业率（15岁以上）

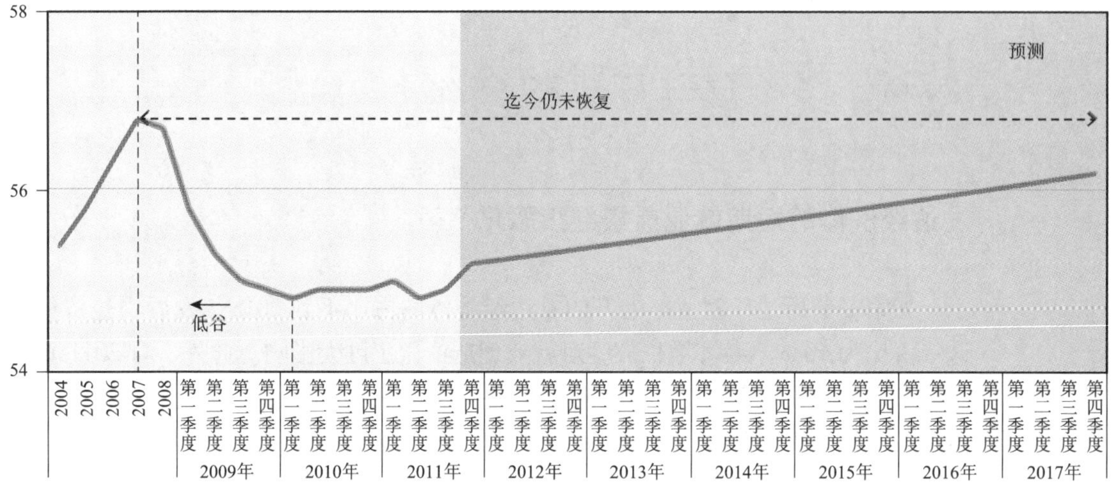

资料来源：国际劳工研究所的估算。

图 1.12　就业预测：新兴经济体

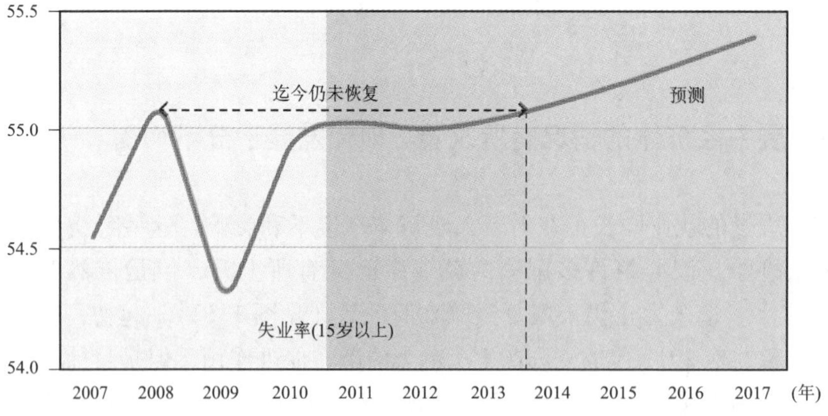

资料来源：国际劳工研究所的估算。

发展中经济体在就业方面继续呈现增长态势，尽管该地区的一些国家正在面临经济放缓的困难。2008—2009 年期间，就业率呈现下降态势，之后开始增长，目前再次呈下降态势（图 1. 13）。预测数据显示，在 2013 年之前，就业率的变化将保持平缓，随后将开始缓慢增长。

社会动荡风险的变化体现了就业趋势的分化。

大多数经济体的劳动力市场仍未从全球经济危机中完全恢复过来。此外，经济大幅放缓正在进一步影响到劳动力市场的恢复。而且，劳动力市场的恢复具有很大的不稳定性，因为增加的只是非自愿兼职和临时性就业及非正式就业。这场危机还导致一半的发达经济体和 1/3 的发展中经济体的贫困率有所上升。这些趋势可能会进一步导致社会凝聚力的减弱。

对全球每年进行的调查结果显示，全球大部分地区的民众对社会经济的不安全感日益加剧。在 106 个可获取数据的国家中，有 54% 的国家表示 2011 年的社会动荡指数得分比 2010 年有所增加（得分越高，所预估的风险越高）。[1,2,3]在全球范围内，社会动荡风险最高的两个地区是撒哈拉以南非洲地区、中东和北非，但是发达经济体以及东欧和中欧地区也出现了明显的上升趋势（图 1. 14）。有趣的是，在 2010 年和 2011 年期间，亚洲和拉丁美洲国家——这些国家的就业已经恢复——的社会动荡风险出现了大幅下降。

图 1. 13　就业预测：发展中经济体

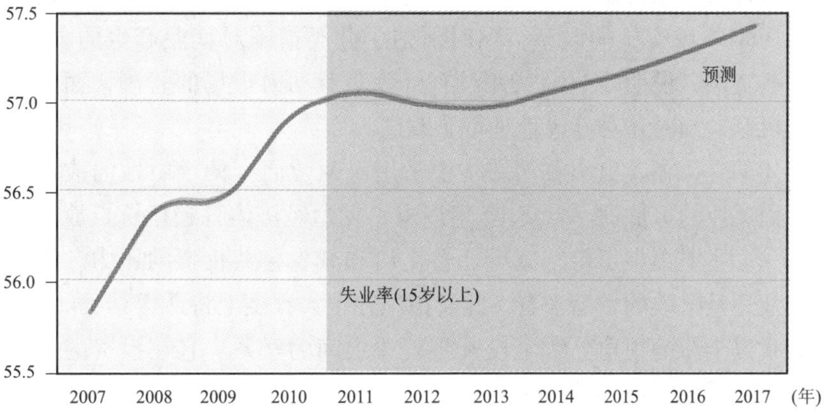

资料来源：国际劳工研究所的估算。

---

1 社会动荡指数由下列几个变量及相应的权重组成：声称对其国家政府缺乏信心的受访者所占的百分比（0. 35）；声称其生活水平恶化的受访者所占的百分比（0. 2）；声称对国家所给予的自由不满意的受访者所占的百分比（0. 2）；声称其国家经济正在恶化的受访者所占的百分比（0. 2）；能够上网的受访者所占的百分比（0. 05）。上述权重所根据的是社会和政治动荡的其他指数，并非十分严谨。同时参见《2011 年世界劳工报告：让市场服务于就业》（国际劳工组织，2011 年）。

2 在对国家间的水平进行对比时必须谨慎行事。实际上，鉴于此指数的性质，如若在地区和国家内部对变化进行对比，则具有更大实际意义。详细考察国家/地区内部的变化可提供宝贵的见解，促进了解人们所持看法的变化。

3 2011 年，在所分析的国家中，有 54% 的国家的民众称其对国家政府信心与 2010 年相比有所降低。

图 1.14　2010—2011 年期间社会动荡风险的变化（等级：0—1）

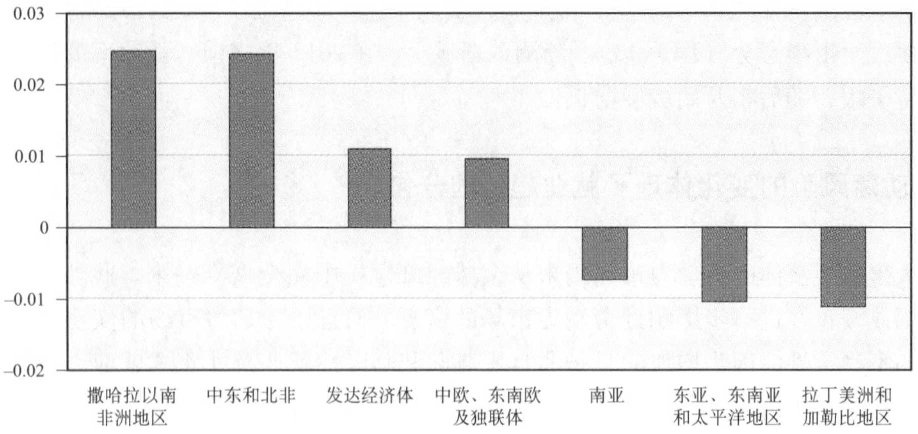

资料来源：2012 年国际劳工研究所根据盖洛普全球民意调查数据所做的估算。

本报告详细分析了财政紧缩政策和设计不周的劳动力市场改革措施的替代方案。

如前所示，劳动力市场所面临的形势需要改变政策策略——摆脱设计不周的劳动力市场改革措施和财政紧缩措施。实际上，通过大力提升就业岗位的质量，各国将享受到就业表现向好以及增长和发展的基础进一步巩固的众多实惠。

第二章将从劳动力市场机制的角度详细分析这种改革。它详细记录了最近在就业监管和集体协定领域实施的改革，同时评估了此类措施对就业产生的影响。本章还提供了一些实例，说明一些国家并没有解除对劳动力市场的管制，而是强化了劳动力市场机制，同时还对其设计进行了改进。

第三章所阐述的是，在支出和收入结构中采用对财政而言偏于中性的改革将足以大幅提升体面就业的可能性。自 2010 年以来，发达经济体日趋把重点放在采取紧缩措施方面——主要集中于持续减少社会支出和减少公共投资的压力。该章认为，无论从就业还是财政的目标来看，此类措施在很大程度上将适得其反。

最后，第四章以全新的视角分析了投资与就业之间的联系。它在投资的不确定性——部分由于金融和经济环境的不确定性——和就业岗位质量之间建立起了一项至关重要的联系。同时，该章还分析了替代性政策策略的作用，其中包括信贷政策对小型企业和总需求的作用。

附录 A
按照收入水平划分的国家/地区群组

国家/地区	收入水平类别*
阿富汗（AFG）	低收入
阿尔巴尼亚（ALB）	中低收入
阿尔及利亚（DZA）	中高收入
阿根廷（ARG）	中高收入
亚美尼亚（ARM）	中低收入
澳大利亚（AUS）	高收入
奥地利（AUT）	高收入
阿塞拜疆（AZE）	中高收入
巴哈马群岛（BHS）	高收入
巴巴多斯（BRB）	高收入
白俄罗斯（BLR）	中高收入
比利时（BEL）	高收入
玻利维亚（BOL）	中低收入
巴西（BRA）	中高收入
保加利亚（BGR）	中高收入
柬埔寨（KHM）	低收入
加拿大（CAN）	高收入
智利（CHL）	中高收入
中国（CHN）	中高收入
哥伦比亚（COL）	中高收入
哥斯达黎加（CRC）	中高收入
克罗地亚（HRV）	高收入
塞浦路斯（CYP）	高收入
捷克（CZE）	高收入
丹麦（DNK）	高收入
多米尼克（DMA）	中高收入
多米尼加（DOM）	中高收入
厄瓜多尔（ECU）	中低收入
埃及（EGY）	中低收入
萨尔瓦多（SLV）	中低收入
爱沙尼亚（EST）	高收入
芬兰（FIN）	高收入
法国（FRA）	高收入
格鲁吉亚（GEO）	中低收入
德国（DEU）	高收入
希腊（GRC）	高收入
危地马拉（GTM）	中低收入
洪都拉斯（HND）	中低收入
中国香港（HKG）	高收入
匈牙利（HUN）	高收入
冰岛（IS）	高收入
印度（IND）	中低收入
印度尼西亚（IDN）	中低收入
伊朗（IRN）	中高收入
爱尔兰（IRL）	高收入
以色列（ISR）	高收入
意大利（ITA）	高收入
牙买加（JAM）	中高收入
日本（JPN）	高收入
哈萨克斯坦（KAZ）	中高收入
韩国（KOR）	高收入

国家/地区	收入水平类别*
吉尔吉斯斯坦（KGZ）	低收入
拉脱维亚（LVA）	中高收入
立陶宛（LTU）	中高收入
卢森堡（LUX）	高收入
中国澳门（MAC）	高收入
前南马其顿（MKD）	中高收入
马来西亚（MYS）	中高收入
马耳他（MLT）	高收入
毛里求斯（MUS）	中高收入
墨西哥（MEX）	中高收入
摩尔多瓦（MDA）	中低收入
蒙古（MNG）	中低收入
黑山（MNE）	中高收入
摩洛哥（MAR）	中低收入
荷兰（NLD）	高收入
新西兰（NZL）	高收入
尼日尔（NER）	低收入
挪威（NOR）	高收入
巴基斯坦（PAK）	中低收入
巴拿马（PAN）	中高收入
巴拉圭（PRY）	中低收入
秘鲁（PER）	中高收入
菲律宾（PHL）	中低收入
波兰（POL）	中高收入
葡萄牙（PRT）	高收入
罗马尼亚（ROU）	中高收入
俄罗斯（RUS）	中高收入
塞尔维亚（SCG）	中高收入
新加坡（SGP）	高收入
荷兰（NLD）	高收入
斯洛伐克（SVK）	高收入
斯洛文尼亚（SVN）	高收入
南非（ZAF）	中高收入
西班牙（ESP）	高收入
斯里兰卡（LKA）	中低收入
瑞典（SWE）	高收入
瑞士（CHE）	高收入
中国台湾（TWN）	高收入
塔吉克斯坦（TJK）	低收入
泰国（THA）	中低收入
特立尼达和多巴哥(TTO)	高收入
突尼斯（TUN）	中高收入
土耳其（TUR）	中高收入
乌克兰（UKR）	中低收入
英国（GBR）	高收入
美国（USA）	高收入
乌拉圭（URY）	中高收入
乌兹别克斯坦（UZB）	中低收入
委内瑞拉（VEN）	中高收入
越南（VNM）	中低收入

*收入类别是按照世界银行国家/地区分类的人均国民收入（GNI）来划分的，见 http：//data. worldbank. org/about/country-classifications/country-and-lending-groups。高收入国家是指人均国民收入达到 12276 美元或以上的国家；中高收入国家是指人均国民收入在 3976 美元—12275 美元之间的国家；中低收入国家是指人均国民收入在 1006 美元—3975 美元之间的国家；低收入国家是指人均国民收入为 1005 美元或以下的国家。发达经济体归入高收入经济体类别之中，新兴经济体归入中高收入经济体类别之中，而发展中经济体归入中低收入经济体类别之中。

附录 B
非标准就业的决定性因素：实证分析

本章第二节探讨了非标准就业。本附录将对导致发达经济体非标准就业上升的各种因素进行分析。在文献中，非标准就业形式的决定因素可分为微观经济因素和宏观经济因素。微观经济因素是指工作者的个体特征：性别、年龄、国籍、受教育程度以及家庭、工作与生活的平衡、既往失业经历、工作条件和劳动力需求特征，如机构的规模、部门和需求的不确定性。许多实证研究实际上均采用此类不同的微观经济变量，以解释非标准就业的上升趋势（法伯，1999 年；布斯等人，2000 年；加利亚尔杜奇，2005 年；萨拉达尔和赫莱米，2007 年）。文献在解释非标准就业上升过程中所考虑的宏观经济因素主要与劳动力市场改革的作用有关（多拉多等人，2002 年；布兰查德和朗迪耶，2002 年；卡安，2010 年）。达迪欧和罗斯霍尔姆（2005 年）还考虑了经济增长率和失业率的作用，在他们的分析中，还涵盖了微观经济和劳动力市场机制变量。

此实证分析旨在解释每一种类别非标准就业形式上升的情况，即兼职就业、临时性就业和自营工作者。在解释非标准就业时，同时考虑到了微观和宏观经济变量，此举与达迪欧和罗斯霍尔姆在 2005 年时所采用的方法类似。[1] 此项分析的对象是 20 个发达经济体 2010 年的数据（比利时、保加利亚、捷克、丹麦、爱沙尼亚、芬兰、法国、德国、匈牙利、以色列、荷兰、挪威、波兰、葡萄牙、俄罗斯、斯洛文尼亚、西班牙、瑞典、瑞士和英国）。本项分析所使用的数据源自欧洲社会调查（ESS）。[2] 表 1B. 1 列举并说明了分析中所含的变量。

模型中的因变量是一个二元变量：如若某个工作者为“兼职就业”、“临时就业”或“自营就业”，则该变量取值为 1，否则为 0。自变矢量 x_t 包含表 1B. 1 中所列举的变量。由回归矢量 x_t 的值，通过述函数可计算出条件概率 y_t 的值：

$$\begin{cases} f(y_t = 1 \mid x_t;\theta) = \varphi(x_t{'}\theta) \\ f(y_t = 0 \mid x_t;\theta) = 1 - \varphi(x_t{'}\theta) \end{cases}$$

其中，φ 为呈标准正态分布的累积密度函数，$\theta = (\beta', \sigma^2)'$是估算参量，它包含 β 和 σ，即与每一个自变量及其变化值密切相关的系数。可将条件概率简化为：[3]

$$f(y_t \mid x_t;\theta) = \varphi(x'_t\theta)^{y_t}[1 - \varphi(x'_t\theta)]^{1-y_t}$$

其中，采用了概率模型对此回归函数进行了估算，其详情如下：

$$NS_i = \alpha_i + \beta_k * \sum^{k} MICRO_{ik} + \beta_j * \sum^{l} MACRO_{il} + \beta_l * \sum^{m} LD_{im} + \beta_m * \sum^{n} LMI_{in} + \varepsilon_i$$

其中，NS 是所考虑的非标准就业变量（即兼职就业、临时性就业或自营工作者），MICRO 是微观经济特征中的第 k 个变量，MACRO 是宏观经济特征中的第 l 个变量，LD 是劳动力需求因素中的第 m 个变量，LMI 是劳动力市场机制的第 n 个变量。下标 i 指的是各种不同的个体，而 ε_i 是误差项。

---

1 我们并没有像达迪欧和罗斯霍尔姆（2005 年）那样对各种不同的雇佣合同采取聚类分析的方法，我们在分析中纳入了微观和宏观经济变量。

2 此数据是欧洲社会调查第五轮调查结果：欧洲社会调查第五轮数据（2010 年）。数据文件版本 1.0。挪威社会科学资料服务中心，挪威是 *ESS* 数据和数据文档的发布者。

3 普罗比模型利用的是对数形式，在估算时采用的最大概似法的函数式如下：

$$log f(y_t \mid x_t;\theta) = y_t log\varphi(x'_t\theta) + (1 - y_t) log[1 - \varphi(x'_t\theta)]$$

表 1B.1 回归分析中所采用变量的定义和来源

变量	定义	资料来源
微观经济变量		
兼职工作者	在主要工作岗位上每周的工作时间少于 30 小时的工人（不含加班时间）	ESS2010
临时工作者	雇佣合同有效期较短的工作者	ESS2010
自营工作者	没有招收员工的自营工作者	ESS2010
年龄		ESS2010
性别		ESS2010
受教育程度（学士学位以下）	最高受教育程度低于国际教育标准分类法（ISCED）中的 5A 中等水平，即学士学位/等同于较低水平的第三阶段教育	ESS2010
受教育程度（学士学位以上）	拥有硕士或博士学位的工作者，即 ISCED5A 中等或以上	ESS2010
微型公司	员工少于 10 人的公司	ESS2010
中小型企业	员工在 10 人和 100 人之间的中小型企业	ESS2010
公共部门	中央政府或地方政府、其他公共部门（如教育和医疗）或国有企业雇佣的工作者	ESS2010
既往失业情况	在过去 5 年内有过失业和求职经历的员工	ESS2010
工作与生活的平衡	工人对在工作上花费的时间和在其他生活方面花费的时间之间平衡的满意度水平为 6—10（范围为 1—10）	ESS2010
宏观经济变量		
失业率	目前没有工作、但愿意且能够工作以获得工资的人在劳动力中所占的百分比（即目前可以参加工作而且在积极地寻找工作的人）	国际货币基金组织，《世界经济展望》，2011 年
增长率	按不变价格计算的国内生产总值增长率（百分比）	国际货币基金组织，《世界经济展望》，2011 年
对外贸易开放度	贸易（进出口总和）与国内生产总值之间的比率	经合组织
贸易差额	贸易差额（进出口差额）与国内生产总值之间的比率	经合组织
劳动生产率	平均每个受雇人员所创造的实际国内生产总值	经合组织
就业保护立法	就业保护立法严格性的综合指标，2008 年数值	经合组织
工会参与度	就工资问题签订有谈判合同的员工在所有享有工资和薪水及谈判权利的员工中所占的比例，以百分比的形式体现，同时针对可能存在的某些不允许就工资问题讨价还价的部门或职业进行调整	ICTWSS 数据库
兼职发生率	兼职工作者占总就业人数的比例	欧洲统计局
临时就业发生率	临时性工作者占总就业人数的比例	欧洲统计局
自营就业发生率	自营工作者占总就业人数的比例	欧洲统计局

表 1B.2　对非标准就业决定因素估测的汇总

		兼职就业	临时性就业	自营就业
微观经济因素	年龄	NS	−	+
	男性	−	NS	+
	受教育情况	NS	NS	NS
	公司规模	−	NS	NI
	既往失业情况	+	+	+
微观劳动力供应	工作与生活的平衡	+	NS	NS
微观经济因素	失业率	NS	NS	NS
	增长率	+	+	NS
宏观劳动力需求	对外贸易开放度	+	+	NS
	贸易平衡	−	−	NS
	劳动生产率	+	+	NS
劳动市场机制	就业保护立法	+	NS	NS
	工会参与度	−	−	NS

注：通过利用方法、变量及前述所列国家，采用概率模型进行的估算。+：变量的积极边际效应；−：变量的消极边际效应；NS：无显著统计差异；NI：在估算中未涵盖的变量。所参照的类别为女性、受教育程度为大学毕业及以上者和大型公司。

资料来源：国际劳工研究所的估算。

尤其值得注意的是，根据一组变量，对三种不同的非标准就业状态进行了回归：微观经济（年龄、性别、受教育程度、公司及公共部门的规模）、宏观经济（失业率和增长率）、劳动力需求（贸易开放度、贸易差额和劳动生产率）和劳动力市场机制（就业保护立法、工会参与度及非标准就业形式的发生率）。当把自营就业类别视为因变量时，没有考虑公司规模和在公共部门中工作的有关变量。此项分析的对象是介于15—64岁的年龄群体。

分析结果显示，劳动力供应因素，如工作与生活的平衡，影响到兼职就业的上升趋势，但是并没有影响到临时性和自营就业（见表1B.2）。公司需要更大的灵活性，以应对在需求方面不确定性更强、全球化程度更高的市场，这项因素似乎对非标准就业形式的增加起到了促进作用。贸易开放度（被定义为国内生产总值中的进出口总和）导致兼职和临时性就业的增加，与此同时，出现贸易顺差的国家的兼职和临时性就业水平可能较低。还有一种可能是，兼职和临时性就业具有顺周期性，即在经济扩张的时候上升，而在经济下滑和衰退时下降。生产率较高的国家兼职或临时性就业的占比也更高。

微观经济因素也可能影响到非标准就业的增长。年轻人受雇为临时工作者以及老年男性工作者成为自营工作者的几率更高。女性从事兼职工作以及在小企业中工作的几率更高。更有可能的情况是，那些失业的人将成为非标准就业的一部分，法伯已经对此种情形进行了详细分析（1999年）。对于失业者而言，非标准就业可以成为过渡到标准就业的敲门砖。

几名研究者曾经提出假设，非标准就业的增加（尤其临时性就业）主要是由20世纪80年代和90年代期间所实施的劳动力市场改革所造成的（多拉多等人，2002年；布兰查德和朗迪耶，2002年）。分析结果显示，在工会参与度较高的国家中，兼职或临时性就业的几率实际上呈下降趋势。[1] 然而，从本项分析中难以

1　签订有劳资谈判协议的员工占所有享有薪水和工资及谈判权利的就业人员的比例，采用百分比的形式。

表 1B.3　非标准就业决定因素的边际效应

	兼职	临时性就业	自营就业	兼职工作者	非标准就业
年龄	0.00607	-0.0192***	0.0178***	-0.00712**	-0.00377
	0.0037	0.00395	0.00374	0.00335	0.0032
性别	-0.925***	-0.0321	0.237***	-0.525***	-0.406***
	0.0804	0.0797	0.086	0.0686	0.0661
受教育程度（学士学位以下）	0.00193	-0.0349	-0.176	-0.0968	-0.156
	0.119	0.123	0.132	0.111	0.104
受教育程度（学士学位以上）	0.195	-0.129	-0.0663	-0.0763	-0.0728
	0.152	0.156	0.16	0.135	0.127
微型公司	0.608***	0.0273		0.524***	0.834***
	0.105	0.106		0.093	0.0882
中小型企业	0.390***	-0.00608		0.201**	0.200**
	0.1	0.0912		0.0803	0.0785
公共部门	0.145	0.113		0.0825	0.0211
	0.0921	0.0945		0.0814	0.0814
既往失业情况	0.164**	0.900***	0.236**	0.682***	0.620***
	0.0825	0.0801	0.0917	0.0713	0.0691
工作与生活的平衡	0.498***	-0.0479	0.0614	0.178***	0.153**
	-0.0793	-0.0738	-0.0867	-0.0664	-0.0643
失业率	0.00856	0.0134	0.00661	0.00504	0.00906
	0.0148	0.0123	0.0161	0.0117	0.0138
增长率	0.0946***	0.109**	-0.00421	0.107***	0.0384
	0.0327	0.0443	0.0432	0.0378	0.0333
对外贸易开放度	0.00293**	0.00836***	-0.00191	0.00692***	-0.00142
	0.00127	0.00299	0.00153	0.00264	0.00409
贸易差额	-0.0340***	-0.0556***	0.0189	-0.0623***	0.0141
	0.0113	0.0188	0.0169	0.0175	0.0395
劳动生产率	0.0159***	0.0182**	0.00442	0.0175***	0.00114
	0.00337	0.00773	0.00542	0.00646	0.00746
就业保护立法	0.527***	0.272	0.145	0.333**	0.471**
	0.153	0.171	0.225	0.141	0.205
工会参与度	-0.0193***	-0.0152***	-0.00447	-0.0205***	-0.0107***
	0.00344	0.00577	0.00503	0.00448	0.00396
兼职发生率	0.0331***			0.0184***	0.0217***
	0.00499			0.00478	0.00508
临时就业发生率		0.102***		0.0686***	0.00383
		0.0192		0.0175	0.0344
自营就业发生率			0.0445*		0.0637*
			0.0247		0.0353
恒定值	-3.979***	-3.811***	-2.936***	-3.169***	-2.074***
	0.599	1.076	1.013	0.884	0.747
观测值	3480	2993	3501	3091	3297

注：边际效应的标准误差；显著性水平：***1% 为显著；**5% 为显著；*10% 为显著。

资料来源：国际劳工研究所的估算。

确定就业保护立法的总体水平是临时性就业增加的决定因素之一。

表 1B.3 给出了几率估算的边际效应。分别按照兼职就业、临时性就业、自营就业、兼职和临时性就业及总体非标准就业等项目给出了相应结果。为了测试所得结果的稳健性，我们采用分对数和双元普罗比模型对其进行分析，发现结果具有稳健性和一致性。表 1B.4 给出了分对数和双元普罗比模型的边际效应。其他研究者也采用了此类模型（达迪欧和罗斯霍尔姆，2005 年；萨拉达尔和赫莱米，2007 年）。

表 1B.4　对非标准就业决定因素估测的稳健性检验

	分对数		双元普罗比模型	
	兼职就业	临时性就业	兼职就业	临时性就业
年龄	0.0111	-0.0345***	0.00802**	-0.0192***
	0.00675	0.00703	0.00403	0.00394
性别	-1.694***	-0.0511	-0.915***	-0.0342
	0.151	0.139	0.088	0.0793
受教育程度（学士学位以下）	-0.00957	-0.0598	-0.0919	-0.0381
	0.211	0.215	0.132	0.123
受教育程度（学士学位以上）	0.317	-0.246	0.119	-0.135
	0.272	0.274	0.167	0.156
微型公司	1.067***	0.014	0.670***	0.028
	0.19	0.186	0.116	0.106
中小型企业	0.690***	-0.0486	0.364***	-0.00509
	0.183	0.162	0.102	0.0911
公共部门	0.242	0.206	0.143	0.108
	0.161	0.166	0.0949	0.0939
既往失业情况	0.297**	1.585***	0.145	0.904***
	0.15	0.144	0.0899	0.08
工作与生活的平衡	0.891***	-0.114	0.482***	-0.0485
	0.146	0.129	0.0867	0.0736
失业率	0.0109	0.0229	0.00488	0.0133
	0.0273	0.0216	0.0161	0.0123
增长率	0.171***	0.181**	0.0952***	0.112**
	0.0582	0.081	0.0345	0.0445
对外贸易开放度	0.00514**	0.0141***	0.00291**	0.00873***
	0.00227	0.00547	0.00134	0.00299
贸易差额	-0.0620***	-0.0917***	-0.0298**	-0.0576***
	0.0204	0.0338	0.0122	0.0187
劳动生产率	0.0291***	0.0306**	0.0130***	0.0190**
	0.00609	0.0143	0.00355	0.00773
就业保护立法	1.006***	0.45	0.579***	0.288*
	0.268	0.317	0.165	0.172
工会参与度	-0.0351***	-0.0251**	-0.0176***	-0.0159***
	0.00604	0.0107	0.00366	0.00578
兼职发生率	0.0598***		0.0348***	
	0.0089		0.00528	
临时就业发生率		0.180***		0.104***
		0.0349		0.0192
自营就业发生率	-7.163***	-6.508***	-4.015***	-3.939***
	1.083	1.997	0.629	1.08
恒定值	-3.979***	-3.811***	-2.936***	-3.169***
	0.599	1.076	1.013	0.884
观测值	3480	2993	2993	2993

注：边际效应的标准误差；显著性水平：*** 1% 为显著；** 5% 为显著；* 10% 为显著。

资料来源：国际劳工研究所的估算。

附录 C
危机对就业的影响：实证分析

本章第四节提供了 2012—2017 年的就业预测数据，此类预测数据所依据的是遭受危机的下列国家，即在以往发生了经济衰退，并存在针对此过程的足够的历史性时间序列数据：

- 高收入国家：对本组的计量经济分析是依据 22 个国家、26 次危机[1] 和 737 个观测值。在进行预测时，所涵盖的国家包括：澳大利亚、奥地利、比利时、加拿大、塞浦路斯、克罗地亚、捷克、丹麦、爱沙尼亚、芬兰、法国、德国、希腊、匈牙利、冰岛、爱尔兰、以色列、意大利、日本、韩国、卢森堡、荷兰、新西兰、挪威、葡萄牙、波兰、新加坡、斯洛伐克、斯洛文尼亚、西班牙、瑞典、瑞士、特立尼达和多巴哥、英国和美国。
- 中高收入国家：在本项经济计量分析中，所依据的是 26 个国家和 33 场危机[2]，所考虑的观测数据有 211 个。在预测时所涵盖的国家包括阿根廷、巴西、保加利亚、智利、哥伦比亚、厄瓜多尔、牙买加、哈萨克斯坦、拉脱维亚、立陶宛、马其顿、马来西亚、毛里求斯、墨西哥、秘鲁、罗马尼亚、俄罗斯、塞尔维亚、南非、泰国、土耳其和委内瑞拉。
- 中低收入国家：依据 17 个国家和 21 次危机[3]，本次经济计量分析中考虑了 115 个观测值。这些参与预测的国家包括埃及、印度尼西亚、摩尔多瓦、摩洛

---

1 在对本组的分析中考虑了以下危机：澳大利亚，1989—1992 年；加拿大，1983—1985 年；捷克，1996—2000 年；丹麦，1987—1992 年；爱沙尼亚，1998 年；芬兰，1991—1995 年；法国，1994—1995 年；德国，20 世纪 70 年代后期；匈牙利，1991—1995 年；冰岛，1975 年；冰岛，1989 年；以色列，1977 年；以色列，1985 年；意大利，1981 年；意大利，1990—1995 年；日本，1997—2001 年；韩国，1997—1998 年；新西兰，1987—1990 年；挪威，1991—1993 年；葡萄牙，1983 年；斯洛伐克，1998—2000 年；西班牙，1977—1981 年；瑞典，1991 年；英国，1974—1976 年；英国，20 世纪 80—90 年代；美国，1998 年。所有组合中涉及的危机都是在拉埃文和瓦伦西亚 2010 年和 2008 年研究的基础上进行划分。

2 在对本组的分析中考虑了以下危机：阿尔及利亚，1990—1994 年；阿根廷，1989—1991 年；阿根廷；1995 年；阿根廷，2001—2003 年；白俄罗斯，1995 年；巴西，1994—1998 年；保加利亚，1996—1997 年；智利，1981—1985 年；哥伦比亚，1982 年；哥伦比亚，1998—2000 年；哥斯达黎加，1987—1991 年；哥斯达黎加，1994—1995 年；多米尼加，2003—2004 年；牙买加，1996—1998 年；哈萨克斯坦，1999 年；拉脱维亚，1995—1996 年；立陶宛，1995—1996 年；马其顿，1993—1995 年；马来西亚，1997—1999 年；毛里求斯，1996 年；墨西哥，1994—1996 年；巴拿马，1988—1989 年；波兰，1992—1994 年；罗马尼亚，1990—1992 年；俄罗斯，1998 年；塞尔维亚，2000 年；苏里南，1990 年；土耳其，1982—1984 年；土耳其，2000 年；乌拉圭，1981—1985 年；乌拉圭，2002—2005 年；委内瑞拉，1994—1998 年和 2002 年。

3 在对本组的分析中考虑了以下危机：阿尔巴尼亚，1994 年；埃及，1990 年；亚美尼亚，1994 年；玻利维亚，1986 年；玻利维亚，1994 年；中国，1998 年；厄瓜多尔，1982—1986 年；萨尔瓦多，1989—1990 年；格鲁吉亚，1999 年；洪都拉斯，1990 年；印度，1993 年；印度尼西亚，1997—2001 年；摩尔多瓦，1999 年；尼加拉瓜，1990—1993 年；尼加拉瓜，2000—2001 年；巴拉圭，2002 年；菲律宾，1983—1986 年；菲律宾，1997—2000 年；斯里兰卡，1989—1991 年；泰国，1983 年；泰国，1997—2000 年。

表 1C.1　回归分析中采用的变量的定义及其资料来源

变量	定义	资料来源
GDP 年度增长率	按本国货币计算得出的实际 GDP 年度增长率	国际劳工研究所依据国际货币基金组织 2012 年 4 月《世界经济展望》（WEO）和国际货币基金组织预测的计算结果
GDP 季度增长率	按本国货币计算得出的实际 GDP 季度增长率	国际货币基金组织国际金融统计数据库；2012 年 4 月《世界经济展望》
高收入国家的就业增长率	就业总人数的季度增长率	经合组织《经济展望》，第 87 期
中高收入国家的就业增长率	就业总人数的年度增长率	国际劳工组织统计数据库
中低收入国家的就业增长率	就业总人数的年度增长率	国际货币基金组织国际金融统计数据库
金融危机的频率	所分析国家的金融危机时间表	作者基于拉埃文和瓦伦西亚 2010 年和 2008 年的研究得出的估算数据

哥、菲律宾、斯里兰卡和乌克兰。

这些预测数据利用了产值—就业弹性，对此，已经根据既往危机期间复苏阶段对就业的影响，采用计量经济分析对其进行了估算。这些预测通过将每个组别的就业弹性按国家应用于国际货币基金组织的 GDP 增长预测得到（自 2012 年起的预测数据）。[1]在这个意义上，这种方法考虑了基于滞后的 GDP 增长率以及其他因素的所有统计上显著的局部弹性，具体做法是将它们按国家应用于相应时期的 GDP 增长率。

就业增长（e_{it}^{L}）对 GDP 变化的弹性是通过对上面列出的三组国家使用奥肯规则面板回归（按照埃斯库德罗 2009 年提出的方法）来计算得到的。分别就每组国家独立对下式中的变量进行估计：

$$e_{it}^{L} = \beta_1 \Delta Y_{it} + \beta_2 \Delta Y_{jt-n} + \varepsilon_{it}$$

其中 L_{it} 相当于年度（对高收入国家是季度）就业增长率而 ΔY_{it} 是解释变量，通过被分析国家 GDP 年度（对高收入国家是季度）增长率来测量。估计中包括了一个或更多的 GDP 滞后增长率，这取决于分析哪一组国家。表 1C.1 归纳了所使用的不同变量及其资料来源和定义。

为了构造面板模型，危机年份前后的就业增长率数据集合在一起并以 t_0 为中心。这一特定危机的中心时期代表国家经历最低 GDP 年度/季度增长率的年份。通过这种方法，高收入国家在过去危机的复苏阶段期间的平均 26 个就业增长记录

1　国际货币基金组织对特定国家的年度预测利用“有效周期利率”计算转换成季度增长率，然后用于确定高收入国家组的未来就业的季度增长率。

表 1C.2　回归结果①②

	高收入	中高收入	中低收入
GDP（年度增长率）	0.0238 (3.39)**	0.2785 (5.69)**	0.0481 (0.61)
GDP 的滞后值 1	0.0311 (4.16)**		0.2624 (3.45)**
GDP 的滞后值 2	0.0347 (4.52)**		
GDP 的滞后值 3	0.0289 (3.75)**		
GDP 的滞后值 4	0.0124 (1.68)*		
GDP 的滞后值 5	0.0126 (1.88)*		
常量	0.0123 (0.37)	0.4126 (1.51)	0.3731 (0.81)
固定效应	是	是	是
观测值	737	211	115
危机数量	26	33	21

注：①基于普通最小二乘法估计。所有回归都针对国家固定效应进行控制。圆括号中为 t - 统计数据的绝对值。显著性水平：*5% 为显著；**1% 为显著。

②国家组别请参见本章附录 A。

（t - 8 到 t + 25）与中高收入和中低收入国家在过去危机的复苏阶段期间的九个就业增长记录（t - 2 到 t + 6）构成了一个面板模型。表 1C.2 所示为表述这些弹性的计量经济学估值的综述。

考虑到数据集合的独特性，再次开展了回归计算对异方差性进行解释。为确保一个或多个国家没有影响到结果，通过一次减少一个被分析国家的方法估计缩减的回归。此外，表 1C.3 所示为广义最小二乘法估计值和对自相关误差项的控制变量。在表 1C.3 的所有组中可以看到，所有系数均维系在高显著水平，而且不同的估计方法之间的估计效应的绝对大小几乎没有变化，这给定了估计效应的置信区间。

表 1C.3　替代估计值[1][2]

第一组：高收入国家	基准方程（异方差性）	广义最小二乘估计	广义最小二乘估计（异方差性）	广义最小二乘估计（自相关误差）
GDP（年度增长率）	0.0238 (3.39)**	0.0291 (4.05)**	0.0658 (6.31)**	0.0571 (6.17)**
GDP 的滞后值 1	0.0311 (4.16)**	0.0397 (5.27)**	0.0839 (8.29)**	0.0840 (8.28)**
GDP 的滞后值 2	0.0347 (4.52)**	0.0455 (5.98)**	0.0724 (7.21)**	0.0756 (7.26)**
GDP 的滞后值 3	0.0289 (3.75)**	0.0399 (5.28)**	0.0669 (6.72)**	0.0673 (6.48)**
GDP 的滞后值 4	0.0124 (1.68)*	0.0207 (2.82)**	0.0407 (4.09)**	0.0427 (4.19)**
GDP 的滞后值 5	0.0126 (1.88)*	0.0167 (2.42)*	0.0223 (2.21)**	0.0235 (2.56)**
常量	0.0123 (0.37)	-0.0233 (-0.69)	-0.1517 (-6.96)	-0.1529 (-4.99)
观测值	737	737	737	737
危机数量	26	26	26	26

第二组：中高收入国家	基准方程（异方差性）	广义最小二乘估计	广义最小二乘估计（异方差性）	广义最小二乘估计（自相关误差）
GDP（年度增长率）	0.2785 (5.69)**	0.3140 (6.70)**	0.3063 (9.21)**	0.3025 (8.95)**
常量	0.4126 (1.51)	0.3165 (1.11)	0.4423 (2.24)*	0.4303 (1.98)*
观测值	211	211	211	211
危机数量	33	33	33	33

第三组：中低收入国家	基准方程（异方差性）	广义最小二乘估计
GDP（年度增长率）	0.0481 (0.61)	0.0138 (0.18)
GDP 的滞后值 1	0.2624 (3.45)**	0.2536 (3.20)**
常量	0.3731 (0.81)	0.2829 (0.60)
观测值	115	115
危机数量	21	21

注：①所有回归都针对国家固定效应进行控制。圆括号中为 t - 统计数据的绝对值（在自回归测试中为 z - 统计数据）。显著性水平：* 5% 为显著；** 1% 为显著。

②国家组别请参见本章附录 A。

资料来源：国际劳工研究所的估算。

参考文献

Ahmad, A. 2003. *Inequality in the access to education and poverty in Bangladesh* (Department of Economics, Lund University). Available at: http://www.nek.lu.se/publications/workpap/Papers/WP03_5.pdf [14 Apr. 2012].

Amuedo-Dorantes, C.; Serrano-Padial, R. 2005. "Fixed-term employment and its poverty implications: Evidence from Spain", in *Focus*, Vol. 23, No. 3, pp. 42-51.

Blanchard, O.; Landier, A. 2002. "The perverse effects of partial labour market reform: Fixed-term contracts in France", in *Economic Journal*, Vol. 112, No. 480, pp. F214–F244. Available at: http://ideas.repec.org/a/ecj/econjl/v112y2002i480pf214-f244.html [14 Apr. 2012]..

Booth, A.L.; Francesconi, M.; Frank, J. 2000. "Temporary jobs: Stepping stones or dead ends?", IZA Discussion Paper No. 205, Oct. (Bonn, Institute for the Study of Labor (IZA)). Available at: http://ideas.repec.org/p/iza/izadps/dp205.html [14 Apr. 2012].

Brixiová, Z.; Ndikumana, L. 2010. "Supporting Africa's Post-crisis growth: The role of macroeconomic policies", Working Paper Research No. 117 (Tunis, African Development Bank). Available at: http://www.afdb.org/fileadmin/uploads/afdb/Documents/Project-related-Procurement/WORKING%20117%20word%20document_ASS_.pdf [14 Apr. 2012].

Callan, T.; Leventi C.; Levy H., Matsaganis M.; Paulus A.; Sutherland H. 2011. *The Distributional Effects of Austerity Measures: a Comparison of Six EU Countries.* European Commission; Employment, Social Affairs and Inclusion; Social Situation Observatory. Available at: http://www.socialsituation.eu/research-notes/SSO2011%20RN2%20Austerity%20measures_final.pdf [5 March 2012].

Cockx, B; Picchio, M. 2011. "Scarring effects of remaining unemployed for long-term unemployed school-leavers", IZA Discussion Paper No. 5937 (Bonn, Institute for the Study of Labor (IZA)).

D'Addio, A.C.; Rosholm, M. 2005. "Temporary employment in Europe: Characteristics, determinants and outcomes", in *Brussels Economic Review*, Vol. 48, No. 1–2, pp. 13–42.

Dolado, J.J.; Garcia-Serrano, C.; Jimeno, J.F. 2002. "Drawing lessons from the boom of temporary jobs in Spain", in *Economic Journal*, Vol. 112, No. 721, pp.270-295. Available at: http://ideas.repec.org/a/ecj/econjl/v112y2002i721pf270-f295.html [14 Apr. 2012].

Economic Commission for Latin America and the Caribbean (ECLAC). 2012. *Preliminary overview of the economies of Latin America and the Caribbean* (Santiago, Chile, United Nations).

Escudero, V. 2009. "Effects of the Crisis on the Financial Sector: Trends and Policy Issue", Discussion Paper No. 197 (Geneva, International Institute for Labour Studies, ILO).

European Central Bank (ECB). 2010. *Survey on the access to finance of small and medium-sized enterprises in the euro area: Second half of 2009.* Available at: http://www.ecb.int/pub/pdf/other/accesstofinancesmallmediumsizedenterprises201002en.pdf [14 Apr. 2012].

—. 2011. *Survey on the access to finance of SMEs in the euro area: April to September 2011.* Available at: http://www.ecb.int/pub/pdf/other/accesstofinancesmallmediumsizedenterprises201112en.pdf [14 Apr. 2012].

Food and Agricultural Organisation (FAO). 2011. *The State of Food and Agriculture.* Rome: FAO. http://www.fao.org/docrep/013/i2050e/i2050e.pdf [14 Apr. 2012].

Farber, H.S. 1999. "Alternative and art-time employment arrangements as a response to job loss", in *Journal of Labor Economics*, Vol. 17, No. 4, pp. 142–169.

Gagliarducci, S. 2005. "The dynamics of repeated temporary jobs", in *Labour Economics*, Vol. 12, No. 4, pp. 429–448.

Gartell, M. 2009. "Unemployment and subsequent earnings for Swedish college graduates: A study of scarring effects", Finland, Institute for Futures Studies, Working Paper No. 2. Available at: http://www.ifau.se/upload/pdf/se/2009/wp09-10.pdf

Houseman, S.; Osawa, M. 2003. *Nonstandard work in developed economies: Causes and consequences* (Michigan, W.E. John Institute for Employment Research).

International Fund for Agricultural Development (IFAD). 2010. *Rural Poverty Report 2011* (Rome). Available at: http://www.ifad.org/rpr2011/report/e/rpr2011.pdf [15 Apr. 2012].
International Labour Office (ILO). 2008. *World of Work Report: Income inequalities in the age of financial globalization* (Geneva).
—. 2010a. *Global Wage Report: Wage policies in time of crisis* (Geneva).
—. 2010b. *World of Work Report 2010: From one crisis to the next?* (Geneva).
—. 2011. *World of Work Report 2011: Making markets work for jobs* (Geneva).
—. 2012. *Global Employment Trends: Preventing a deeper jobs crisis* (Geneva).
Institute for Health Metrics and Evaluation (IHME). 2010. *Financial Global Health, Development Assistance and Country Spending in Economic Uncertainty* (Seattle, WA). Available at: http://www.healthmetricsandevaluation.org/sites/default/files/policy_report/2010/Report_Overview_%20FGH_2010_051111.pdf [20 Apr. 2012].
—. 2011. *Financing Global Health, Continued Growth as MDG Deadline Approaches* (Seattle, WA). Available at: http://www.healthmetricsandevaluation.org/sites/default/files/policy_report/2011/FGH_2011_overview_IHME.pdf [20 Apr. 2012].
Institute of Development Studies (IDS). 2009. *Accounts of crisis: Poor people's experiences of the food, fuel and financial crises in five countries*. Available at: http://www.ids.ac.uk/files/dmfile/AccountsofCrisisFINAL.pdf [15 Apr. 2012].
Kahn, L.M. 2010. "Employment protection reforms, employment and the incidence of temporary jobs in Europe: 1996–2001", in *Labour Economics*, Vol. 17, No. 1, pp. 1–15.
Kalleberg, A.L. 2009. "Precarious work, insecure workers: Employment relations in transition", in *American Sociological Review*, Vol. 74, No. 1, pp. 1–22.
Kentikelenis, A.; Karanikolos, M; Papanicolas, I.; Basu, S.; McKee, M.; Stuckler, D. 2011. "Health effects of financial crisis: Omens of a Greek tragedy", in *The Lancet*, Vol. 378, No. 9801, pp. 1457–1458.
Kūla, E.; Lāce, T.; Vaskis, E.; Veretjanovs, V. 2011. *Poverty situation and changes in social assistance system in Latvia due to crisis*, Improving the efficiency of social protection, Portugal: Peer Review in Social Protection, European Commission. Available at: http://www.peer-review-social-inclusion.eu/peer-reviews/2011/improving-the-efficiency-of-social-protection [15 Apr. 2012].
Laeven, L.; Valencia, F. 2008. "Systemic banking crises: A new database". Working Paper No. 224 (Washington, DC, IMF).
——. 2010. "Resolution of banking crises: The good, the bad, and the ugly". Working Paper No. 164 (Washington, DC, IMF).
Lucifora, C.; Salverda, W. 2009. "Low pay", in *The Oxford handbook of economic inequality*, W. Salverda, B. Nolan and T. Smeeding (eds) (Oxford, Oxford University Press), pp. 257–283.
McCann, F. 2011. "Access to credit amongst SMEs: Pre and post-crisis evidence from Eastern Europe", in *Economic Letters*, Issue 3. Available at: http://ideas.repec.org/a/cbi/ecolet/y2011v2011i3.html [15 Apr. 2012].
Ministry of Finance and Planning. 2011. "Sri Lanka Labour Force Survey: Annual report 2010" (Colombo, Department of Census and Statistics).
Mroz, T.A.; Savage, T.H. 2006. "The long-term effects of youth unemployment", in *Journal of Human Resources*, Vol. 41, No. 2, pp. 259–293.
Muñoz de Bustillo, R.; Pedraza, P. de 2010. "Determinants of job insecurity in five European countries", in *Economic Journal of Industrial Relations,* Vol 16, No. 1, pp. 5-20.
Panorama Laboral. 2011. América Latina y el Caribe. (Lima, OIT).
(OECD). 2011. *OECD Economic Survey, Greece.* (Paris).
Rani, U.; Belser, P. (Forthcoming). "The effectiveness of minimum wages in developing countries: The case of India", in *International Journal of Labour Research.*
Salladarre, F.; Hlaimi, B. 2007. "Analysis of the determinants of temporary employment in 19 European countries", Working Paper, HAL. Available at: http://ideas.repec.org/p/hal/wpaper/hal-00174817.html [15 Apr. 2012].
Sanogo, I. 2009. "The global food price crisis and household hunger a review of recent food security assessments", in *Humanitarian Exchange Magazine*, Vol. 42. Available at: http://www.odihpn.org/humanitarian-exchange-magazine/issue-42/the-global-food-price-crisis-and-household-hunger-a-review-of-recent-food-security-assessments [15 Apr. 2012].

Seshanna, S.; Decornez, S. 2003. "Income polarization and inequality across countries: An empirical study", in *Journal of Policy Modeling*, Vol. 25, No. 4, pp. 335-358.
Stancanelli, E.G.F. 2002. "Do temporary jobs pay? Wages and career perspectives of temporary workers", in *Labour*, Vol. 16, No.4, pp. 667–705.
Tijdens, K.; van Zijl, S.; Hughie-Williams, M.; van Klaveren, M.; Steinmetz, S. 2010. "Codebook and explanatory note on the wageindicator dataset". Working Paper 10-102 (Amsterdam, Amsterdam Institute for Advanced labour studies).
Torche, F.; Spilerman, S. 2008. "Household wealth in Latin America", in *Personal wealth from a global perspective*, J.B. Davies (ed.) (Oxford, Oxford University Press for UNU-WIDER).
Tucker, D. 2002. "'Precarious' non-standard employment: A review of literature" (Wellington, Department of Labour, Government of New Zealand).
United Nations Department of Economic and Social Affairs (UNDESA). 2005. *Report on the World Social Situation: The inequality predicament* (New York, United Nations). Available at: http://www.sustainable-design.ie/sustain/un2005_ReportWorldSocialSystem.pdf [15 Apr. 2012].
—. 2010. *Report on the World Social Situation: Rethinking poverty* (New York, United Nations).
—. 2012. *World Economic Situation and Prospects 2012: Global Economic Outlook* (New York, United Nations).
United Nations Educational, Scientific and Cultural Organization (UNESCO). 2011. *The hidden crisis: Armed conflict and education*, EFA Global Monitoring Report (Paris, UNESCO Publishing). Available at: http://unesdoc.unesco.org/images/0019/001907/190743e.pdf [15 Apr. 2012].
Vanek, J.; Chen, M.; Hussmanns, R.; Heintz, J.; Carre, F. (Forthcoming). *Men and Women in Informal Economy: A statistical picture* (Geneva, ILO).
World Bank. 2011. *World Development Indicators* (Washington, DC).
World Bank; International Monetary Fund (IMF). 2010. *Global Monitoring Report: The MDGs after the crisis* (Washington, DC). Available at: http://www-wds.worldbank.org/external/default/WDSContentServer/IW3P/IB/2010/05/11/000333037_20100511001700/Rendered/INDEX/544380PUB0EPI01BOX0349416B01PUBLIC1.txt. [15 Apr. 2012].

第二章
就业保护与劳资关系：最近的趋势及对劳动力市场的影响*

主要研究成果

- 一些国家面临着就业增长疲软（第一章）和财政空间有限（第三章）的双重挑战，因而日益转向把劳动力市场改革作为确保金融市场发展的一项工具，并希望借此推动经济大幅增长。实际上，本章汇集的大多数最新证据表明，在危机后时期，一些旨在促进就业保护制度宽松化、集体谈判分散化的改革焕发出了勃勃生机：
    - 2008 年至 2012 年 3 月期间，在 131 个国家中有 40 个国家修改了其针对永久性员工的就业保护制度，主要修改了离职遣散费和离职通知期等规定。从总体而言，60% 的此类改革使得针对永久性员工的就业保护制度宽松化。发达经济体的这种趋势尤为明显，其中 76% 的此类改革致使针对永久性员工的就业保护制度宽松化。
    - 在同一时期，在 131 个国家中有 25 个国家出于经济原因修改了其针对集体解雇的法律条款——其中 60% 的国家（15 个国家）都为这一流程提供便利或减少对集体解雇的限制性规定。尤其引人注意的是，在中欧和东南欧地区，83% 的此类改革均以放松对集体解雇的要求为目的。
    - 2000—2009 年，对于可获取数据的 40 个国家而言，其中 26 个国家中签订有集体谈判的工作者所占的比例出现了下降。在一些国家，自这场全球危机爆发之后，这种下降趋势明显加速。
- 出于本章目的而搜集到的实证证据证实了早前研究的结果，即在就业保护法规和就业水平之间，并不存在任何明显的联系。首先，无论低水平的就业保护制度，还是平均水平的就业保护制度，就业水平往往与更为严格的制度呈现出正相关性。除此以外，设计颇为糟糕的制度可能对就业产生不利影响。

---

* 由衷地感谢克莱门特·皮尼亚蒂·莫拉诺在研究中提供的大力协助。科琳·巴尔加、苏珊·海特、梅勒尼·让鲁瓦（国际劳工组织社会对话部）及丹尼尔·维恩（经济合作与发展组织）提供了宝贵的意见。

在此类情况下，有理由考虑通过福利体系实施制度改革，同时加强就业保护（参见第三章）。其次，最高的就业率要么出现在分散化（但经由社会合伙人协调）的集体谈判系统中，要么出现在集中式、协调化的集体谈判系统中。最近出现了分散化的集体谈判趋势，有时并没有经过充分的社会对话或协调，因此，这可能会影响到就业表现。第三，劳动力市场改革的就业效应严重依赖经济周期。在面临经济衰退时，更为宽松的制度可能会致使就业形势在短期内恶化。最后，国情发挥着至关重要的作用，尤其在制度实施的有效程度及可预测性方面。

- 简言之，尽管存在修改不适当条款的理由，但是劳动力市场最近实施的一些改革可能会降低就业岗位的稳定性并加剧不平等性，同时又无法大幅提升就业水平。而且，在发生经济衰退的国家中，规定和制度的弱化可能导致劳动力市场失去保障机制，或致使保障机制十分羸弱——从而在总体上对就业复苏前景产生抑制作用。因此，政策争论的焦点应当是规章和制度设计的高效性，而非“更少或更多规定”的问题。本章提供了此类高效规章制度的最新实例。

引言

如第一章所述，就业岗位的创造依然不温不火，而就业岗位的质量却每况愈下。因此在一些人看来，劳动力市场改革是促进就业岗位创造和增长的一种途径。这对于欧洲经济体而言尤为如此，因为在这场全球危机发生之后，欧洲经济体仍然衰弱无力。然而，其他 ·些人则警告说，必须对劳动力市场改革进行认真设计，否则将面临在短期内造成劳动力市场和宏观经济后果恶化的危险，与此同时还将在中期至长期内加剧结构性问题，如劳动力市场的二元性。鉴于人们对此类问题所持观点千差万别，本章的目的是：（1）详细阐述最近进行的劳动力市场改革，尤其是就业保护制度和集体谈判领域的改革，并详细考察自这场全球危机爆发以来这些改革的发展趋向；（2）评估这些改革对就业水平和投资的影响。

第一节对就业保护制度和集体谈判的有关文献提供了简要的概述，并详细说明了130多个国家对此类政策和制度所实施的最新变革。第二节评估了第一节所阐述的规章制度变革对劳动力市场的影响。第三节从研究结果中汲取了政策教训，并提供了“高效规章制度”的一些实例，即针对就业保护开展集体谈判的水平，既能确保就业岗位的质量和满意度，同时又不会妨碍经济效率和就业增长。

第一节　劳动力市场的制度：文献和最新趋势概述

可以通过法规或集体谈判实现就业保护。尤其值得注意的是，此项法律的设计初衷旨在保护工作者免受不公平解雇及所赚取收入的不公平波动，在发生个人或集体性就业岗位损失时，通常会出现上述情形。集体谈判包含雇主及/或其组织与工作者组织就雇佣关系、薪酬和工作条件等进行的协商过程。根据集体谈判的结构和涵盖范围，它也可以成为调节劳动力市场的一种途径。此外，结合行之有效的劳动力政策（例如失业保险、最低工资法规和培训条款等），这些措施可确保劳动力市场的安全性——这是一种对就业保护更为全面的理解，这种理解并不局限于一个工作岗位或雇主的得失。综合来看，这些劳动力政策和制度有利于从失业到就业的过渡，同时可为已经就业的人员提供保护。本章仅探讨与就业保护法规和集体谈判制度有关的问题。

对 100 多项研究所做的回顾显示，就业制度和集体谈判改革对劳动力市场产生了多样化的影响。

就业保护法规所产生影响的有关实证证据可分为如下三类：（1）利用综合数据进行跨国家研究；（2）利用分类数据进行跨国家研究；（3）利用分类数据针对国家内部进行研究（见图 2.1）。大多数常见的实证证据均为第一种类型，但是最近几年出现了明显的转变，人们逐渐倾向于采用分类数据，并日益依赖国家内部的证据。无论所采用的方法有何不同，一个普遍的共识是，严厉的劳动力法规将对劳动力市场的成效产生影响，但是对就业和失业影响的规模和方向却喜忧参半。[1]

在集体谈判方面，出现了放宽管制和分散化的趋势。尽管如此，针对欧洲（及其他地区）的实证证据表明，谈判有利于企业更好地适应宏观经济的冲击，同时有利于保存工作岗位。此外，有关集体谈判设计的讨论已经从集中化和协调化的组织结构优势转向了公司层面谈判的优势。至关重要的是，分散化和放宽管制的时期也与薪酬差距呈总体上升态势有关。

鉴于其对劳动力市场成效的重要性，毫不令人感到奇怪的是，自这场全球危机爆发以来，各国对就业制度和集体谈判实施了诸多变革。然而，为了理解上述变革，十分重要的一点是要牢记，个别国家所采取的措施完全可能是此类国家面临初期问题时所作出的反应——根据其制度情况和危机产生影响的程度。例如，在集体谈判方面具备相对优势（按照覆盖率和工会密度）的国家中，对这场危机的反应包括与社会合作方进行密集磋商。此外，鉴于各国之间危机严重程度不同，国家采取反应措施的性质和深刻程度也千差万别。而且，悬在众多备受困扰的经济体头上的沉重债务加剧了这一反应。

自从本次全球危机爆发以来，各国所采取的变革均旨在松绑就业制度……

在就业岗位创造疲弱、增长前景乏力、财政空间捉襟见肘的背景之下，各国日益趋向对就业保护立法进行修改，以将其作为更广泛的劳动力市场改革的一部分。实际上，在 131 个国家中，约有 40 个国家（占 31%）已经修改了其针对永久性员工的就业保护法规（见图 2.2）。[2] 这一趋势在欧盟 27 国中尤为突出，在这 27 个国家中，有 19 个国家对永久性工作者的就业保护进行了修改（如欲了解一些国家的实例，请参见本章附录 B）。

1　其中部分原因是国际上所采取的就业保护法规等类似措施均存在诸多问题。例如，在法规完备的情况下，如具备劳动法、就业保护法案和其他类型的法律，此类措施便是法律意义上的指标。然而，有若干迹象显示，在劳动法规执行力度上，各国之间（及随时间变化）的相似性可能比法规本身的差异性更为明显。如欲了解更多详情，请参见贝尔托拉等人（2000 年）。

2　就业保护法规的修改是指消极性修改（减少保护措施）、积极性修改（强化保护措施）或介于两者之间的中性修改（其中，虽进行了一定修改，但此类改变不影响此项法规的总体特征）。国际劳工组织利用该特点构建其有关就业保护法规的数据库（EPLex）。

图 2.1　有关就业保护法规对劳动力市场影响的 100 多项研究的主要发现

利用汇总数据进行的跨国研究	利用分类数据进行的跨国研究	主要利用分类数据进行的国家内部研究
• 对总体就业/失业水平的影响喜忧参半，且影响程度较小 • 对弱势群体具有负面影响，尤其是年轻人 • 就业保护法规与就业增长之间为“钟形”关系	• 对总体就业/失业水平的影响喜忧参半 • 减少员工离职率(就业岗位创造/破坏) • 对生产率产生负面影响 • 就业保护法规和可感知就业岗位安全性具有微弱和负面联系	• 对总体就业/失业水平的影响喜忧参半,且影响程度较小 • 减少员工离职率(就业岗位创造/破坏) • 对生产率产生负面影响 • 工作者缺勤率增加

注：此项汇总数据基于自 1990 年以来所实施的 100 多项研究。

资料来源：卡兹等人（即将出版）。

此外，针对永久性员工立法所作出的更改（在对其法规作出更改的国家中，有 60% 的国家如此）主要集中于从总体上减少保护。发达经济体尤为如此，其中，在采取干预措施的国家中，有 76%（13 个国家）的国家减少了针对永久性员工的就业保护（见图 2.2，第一组）。这些改革通常以增加试用期、增加合法解雇的理由、减少离职遣散费和离职通知期以及减弱在发生不公平解雇时的补救措施等形式加以实施。除发达经济体外，在对其法规进行更改的中欧和东南欧国家中，有 60% 的国家减少了针对永久性工作者的保护。对于撒哈拉以南非洲地区各国而言也大致如此。拉丁美洲和加勒比、中东和北非国家也减少了就业保护——在所有这些国家中，有一半的国家对其劳动法规进行了某种程度的修改。

与此同时，在 131 个国家中，有 23 个国家（18%）针对固定期限合同（也被称为临时性合同）修改了其法规——在这些国家中，有 15 个国家（65%）减少了针对固定期限员工的就业保护，其途径是提高固定期限合同的最长期限、增加合同解除原因的数量及减少对员工保护的程度（见图 2.2，第二组）。尤其值得注意的是，在中欧和东南欧地区，针对固定期限合同采取的干预措施均减少了就业保护。与此同时，就发达经济体而言，在所有进行某种修改的国家中，有不到一半的国家针对临时性工作者减少了就业保护。

此外，在 131 个国家中，有 25 个国家（19%）对有关因经济原因而实施的集体解雇法规进行了修改。例如，在 60% 的此类国家中（15 个国家），新修订的法规均有利于集体解雇的应用，例如，新法规减少了集体解雇需要遵循的行政管理程序，或者增加了数字基准（超过此基准即可被视为集体解雇）。在中欧、东南欧以及撒哈拉以南非洲地区，在实施修改的国家中，有 83% 的国家放松了对集体解雇法规的监管要求。

为了量化此类修改，根据经济合作与发展组织的方法[1]，对 43 个国家 2010/2011 年的就业保护法规指标进行了更新。对于在危机前（2007/2008 年）至危机后（2010/2011 年）期间发生的修改，不仅可以确定总体“指标”（见图 2.3），而且可以确定所涵盖的三项要素中的每一项要素：（1）针对单个永久性合同的法规；（2）针对临时性合同的法规；（3）适用于集体解雇的法规。该分析验证了 43 个国家减少就业保护的转变趋势，南欧和东欧地区的这一趋势尤为明显。相比之下，该分析也表明，一些国家增强了其就业保护（大多数为重要的新兴经济体，但也包含有丹麦、日本和韩国）。

1　如欲了解更多详情，请参见：www.oecd.org/employment/protection。

图 2.2　就业保护法规修改之全球概览，2008—2012 年*

第一组：在对永久性合同领域的就业保护法规进行修改的所有国家中，减少保护措施的国家所占的百分比

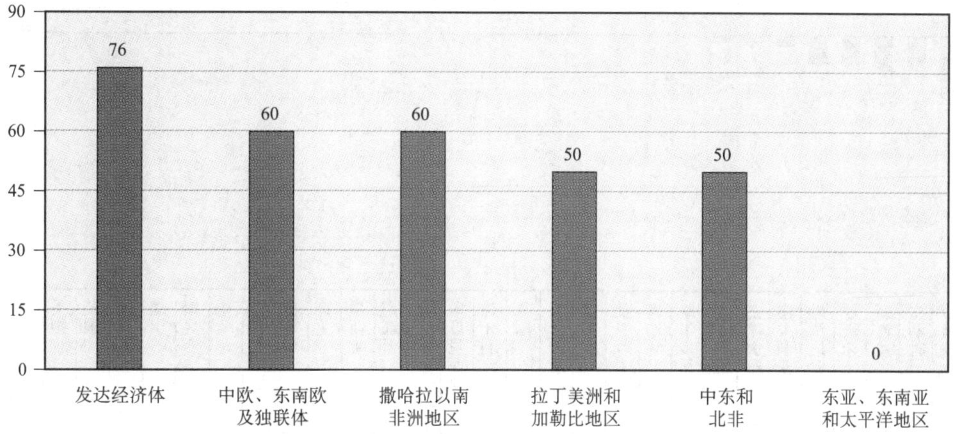

第二组：所有修改情况的汇总

地区		永久性合同		临时性合同		集体解雇	
	可获取数据的国家	实施某种修改的国家所占的百分比	进行消极修改的国家占所有实施法规修改国家的百分比	实施某种修改的国家所占的百分比	进行消极修改的国家占所有实施法规修改国家的百分比	实施某种修改的国家所占的百分比	进行消极修改的国家占所有实施法规修改国家的百分比
发达经济体	35	49	76	26	44	29	50
中欧、东南欧及独联体	20	50	60	40	100	30	83
东亚、东南亚和太平洋地区	10	30	0	0	无	0	无
南亚	7	14	0	0	无	0	无
拉丁美洲和加勒比地区	19	11	50	0	无	0	无
中东和北非	9	22	50	11	0	33	0
撒哈拉以南非洲地区	31	16	60	13	75	19	83
总计	131	31	60	18	65	19	60

注：就业保护法规的修改指各种类型的修改——无论其源自于法规、判例法，还是集体谈判。"实施消极修改的国家"是指，这些国家在修改法规时，针对永久性和临时性就业（如离职通知期、离职遣散费、有效的解雇理由、试用期、固定期限合同的最长期限）及集体解雇（如集体解雇的定义、与工作者代表和公共管理机构的磋商）等就业制度，降低其实施的严厉性。

* 截止日期为 2012 年 3 月。

资料来源：国际劳工研究所基于 EIRO、国际劳工组织 EPLex 数据库和各国数据所做的研究。

……以及集体谈判的分散化和放宽管制。

在这场全球危机爆发之前，劳资关系已经处于紧张状态，但是危机加速了分散和放宽管制的进程。在某些情况下，集体谈判被视为经济正常运行的障碍，而社会合作则被视为实施严厉和反危机措施的障碍。这些改革促进了集体谈判的分散化/或放宽管制——例如，通过在部门性协议中引入宣布放弃选择权条款，或为公司层面的谈判赋予更大的法律效力（参见本章附录 B 中的一些国家实例）。这种趋势在某些国家尤为明显，在此类国家中，既定集体谈判制度的存在为放宽管

图 2.3　2007/2008 年—2010/2011 年期间“就业保护法规指数”的变化情况

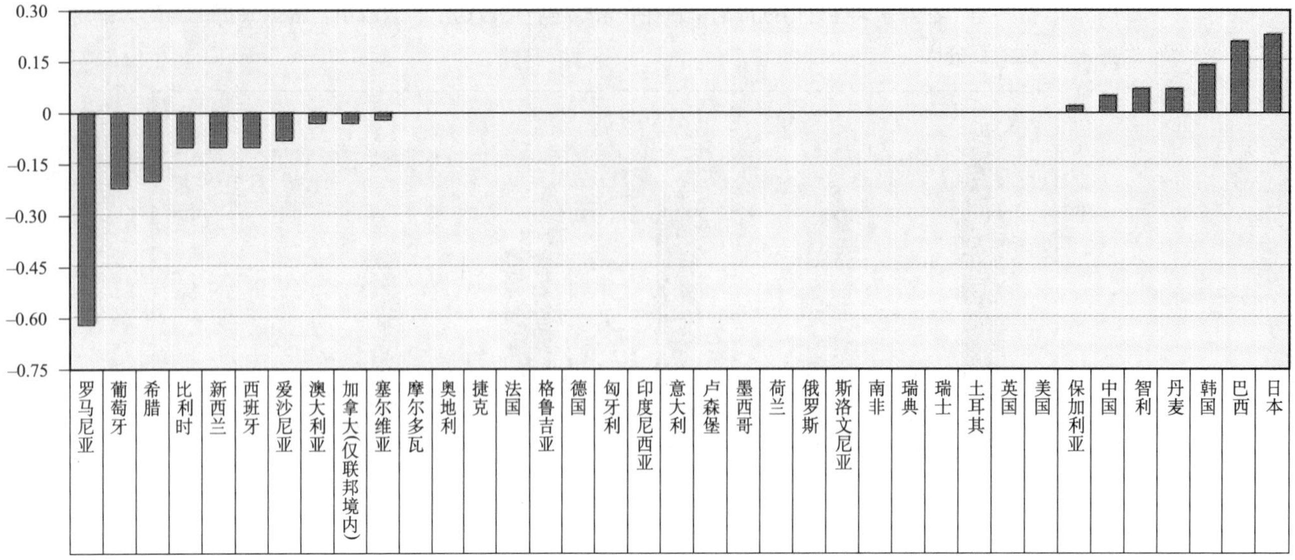

注：如若“指数”值上升，则表示法规更加严厉，反之，则表示法规更加宽松。

资料来源：国际劳工组织根据经济合作与发展组织的方法（www. oecd. org/employment/protection）及国际劳工组织 EPLex 数据库进行的估算。

制提供了空间。尤其值得注意的是，在对其劳资关系推行改革的 60% 的中欧和东南欧国家中，均针对集体谈判采取了放宽管制和分散化的举措（例如匈牙利、立陶宛和罗马尼亚）。在许多情况下，改革从总体上提升了对创建工会的要求，或限制了举行罢工的能力，借此减少了工作者的代表权。

与此同时，在 40 个可以获得数据的国家中，有 26 个国家在 2000/2001 年—2008/2009 年期间的覆盖率出现了下降（见图 2.4）。其中的部分下降主要归因于危机之前已经发生的更广泛的趋势，而在许多其他情形下，金融和经济危机促使下降加速。

第二节　评估就业保护法规和集体谈判的修改对劳动力市场的影响

凭经验而论，减少就业保护通常并不意味着能够提高就业率……

早前的研究发现，就业保护法规对总就业率产生的影响模棱两可，这或许是因为大部分的研究采取了跨国研究的方法，并将注意力集中于劳动法规和总的存储数据之间的关联，如对就业或失业水平的影响。另一项可能的解释是缺乏就业保护法规的满意度指标，尤其对临时性就业（固定期限合同）的满意度指标。[1] 然而，旨在根据分类信息（按照性别或年龄及国家内部研究进行分类）详细考察劳

1　如欲了解更多详情，请参见卡兹等人的著作（即将出版）。

图 2.4　签订有集体协议的工作者所占的比例（2000/2001 年—2008/2009 年期间的百分点变化）

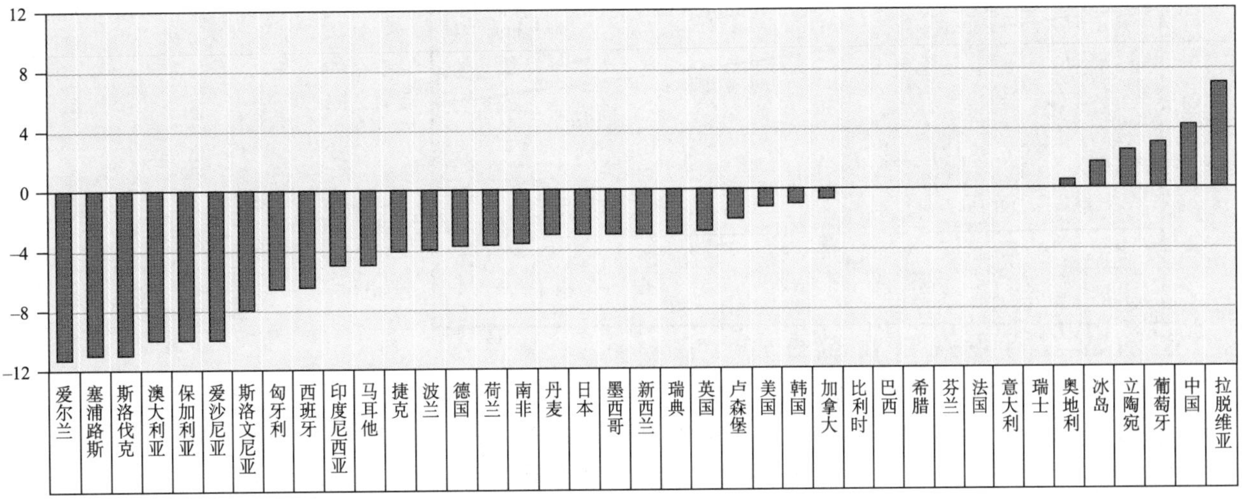

注：保加利亚、巴西、塞浦路斯、印度尼西亚、拉脱维亚、立陶宛、马耳他、墨西哥、葡萄牙、韩国和南非的 2000/2001 年数据为 2002 年或 2003 年的数据。同样，澳大利亚、丹麦、爱沙尼亚、芬兰和新西兰的 2008/2009 年数据则实际为 2007 年的数据。覆盖的定义：签订有劳资谈判协议的员工占所有享有薪水和工资及谈判权利就业人员的比例。针对某些部门或职业不允许谈判的可能性，我们对此类数字进行了调整（将此类群体从就业总数中扣除掉，然后将所得签订有协议的员工数字除以就业的经济依赖性工作者的总和，参见特拉克斯勒 1994 年的著作）。在对该数据进行跨国对比时应当采取十分谨慎的态度，对于新兴和发展中国家而言尤为如此，因为许多此类国家的非正式部门规模均十分庞大。

资料来源：ICTWSS 数据库。

动法规效应的实证研究发现，法规对某些特殊群体具有一定的影响。[1] 实际上，本章所做的模拟实验结果表明，在就业保护法规和就业率之间存在一种非线性关系。

如若考虑到“就业保护法规指数”和就业率之间的线性关系——如大多数的早前研究所做的那样——则结果表明，根据指数由最低值（美国）到最高值（葡萄牙）的顺序，就业率从 62% 下降至 55%（见图 2.5）。换言之，更少的保护意味着更多的就业岗位。然而，这种关系或假设具有误导作用。实际上，当模拟实验考虑“就业保护法规指数”与就业之间的非线性关系时，就业保护法规对就业的负面影响起始值仅为约 2.1（按照经济合作与发展组织给出的范围）。如下述专栏 2.1 所示，随着指数值上升，就业率也呈现上升趋势——尤其值得注意的是，在“就业保护法规指数”值由 0.2 增加至 2.1 时，就业率从 43% 上升至 63%（见图 2.5）。此项简单的推演显示，劳动法规对总的就业率的影响远非是一种负线性关系。实际上，当就业保护水平极低时，提高就业保护通常会提高就业率。其主要原因是，当就业保护法规严厉程度较低时，通常通过劳动力的数量而非价格来加以调整——这种效应是积极的，但是在“就业保护法规指数”的值接近 2 之前，其效应呈减弱趋势。[2]

1　巴萨尼尼和杜瓦尔（2006 年）经研究发现，就业保护法规对男性就业并不产生任何影响，但是对女性就业却产生负面影响。与此同时，他们发现在就业保护法规和年长工作者（男性和女性）就业之间存在一种正相关关系，但是对较为年轻的工作者却产生负相关关系或无任何影响。如欲详细考察上述效应，请参见卡兹和托宁 2010 年的著作。

2　如欲了解更富理论性的分析，请参见卡兹和内什波罗娃（2007 年）。

图 2.5 “就业保护法规指数”和总就业率：标准的假设与基于证据的关系

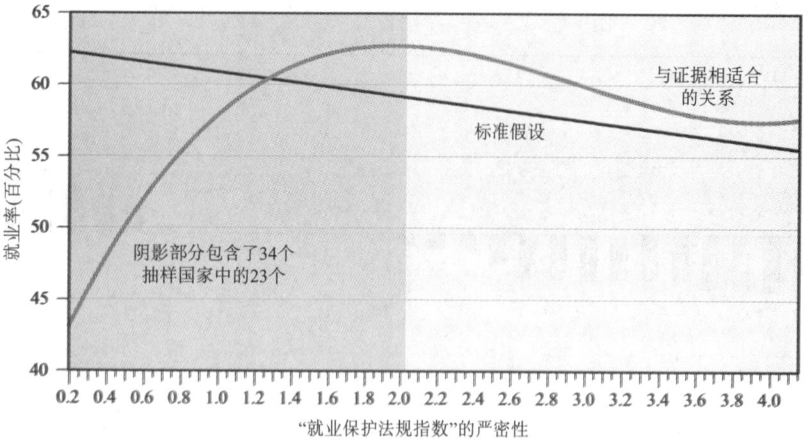

注：模拟实验所依据的是利用 34 个国家的实际数据对就业率进行固定效应估测所得的数据。
资料来源：国际劳工研究所的估算数据（如欲了解详情，请参见本章附录 A）。

最近几年，若干作者均强调了针对普通和临时性合同实施相对严格的就业保护法规的重要作用，以更好地理解对劳动力市场二元性的影响（见博埃里和葛瑞巴尔迪，2007 年）。根据这种推断，劳动力市场的关键决定因素是劳动法规在实施的过程中针对普通和临时工作者存在不同的严格程度。实际上，图 2.6 所示的模拟实验结果表明，当考虑线性关系时（文献中的经典假设），随着严格性差距的增加，临时性合同在总就业量中所占的份额也呈现上升趋势（见专栏 2.1）。然而，当考虑非线性关系时，这种积极的关联性仅在极端情况下才会出现，即当严格性差距极大时。如若差距介于中间（如在 -1.5 和 1.5 之间），那么就业率的变动范围约在 1 个百分点之间，并且超过 80% 的考察对象均属此项范围之内。这表明，有关降低就业保护法规严格性将会导致就业市场二元性下降的假设完全是不正确的。因此，当差距处于中间水平时，无论实施更加严格或是更加宽松的法规都不足以解决劳动力市场的二元性。

……最近对就业法规实施的某些修改可能对就业水平产生适得其反的作用……

为了评估最近对就业保护法规的修改给劳动力市场所带来的成效，我们对经济合作与发展组织成员国进行了跨国家分析，比较了这些国家危机前（2007 年）和危机后（2010 年）的情况（如欲了解更多详情及在方法方面的考虑因素，请参见本章附录 A）。具体而言，针对 2007—2010 年期间劳动力市场成效方面出现的变化[1] 以及同时期按照经济合作与发展组织 2008 年指标[2] 衡量的国内生产总值和就业保护水平的变化进行回归分析。尤其值得注意的是，总就业率（针对整体劳动

1 考虑变化量而非水平的重要性在于，可以消除国家之间任何时间恒定的差异。

2 针对 2008 年数据采用“经济合作与发展组织指标”而非更新后的“指标”，其原因是针对 2011 年的劳动力市场成效（如就业/失业率）指标仍无法获取，尽管大多数的法规改革均发生在 2010 年至 2011 年，但是其中一些已经宣布的改革实际上并没有施行。因此，2010 年的数据中并没有体现就业保护法规所产生的影响。

专栏 2.1　危机期间就业保护法规和劳动力市场的二元性：问题和考虑因素

在就灵活性所进行的争论中，就业保护法规结构及其对劳动力市场二元性（其定义为临时就业占总就业量的份额）可能产生的影响已经引起人们的日益关注，在东欧国家中尤为如此，如意大利、葡萄牙和西班牙。尽管 2008—2009 年的那场危机使经济合作与发展组织成员国劳动力市场中存在的二元性成为人们备受关注的话题，但它绝非是一个全新的现象。如博埃里和葛瑞巴尔迪（2007 年）及艾克霍斯特和马克斯（2010 年）所讨论的那样，在过去的几十年中，由于欧洲劳动力市场进行的不完全（或双层次）改革，欧洲劳动力市场日益呈现出二元性特征。实际上，欧盟地区临时员工所占的份额平均从 1987 年的 9.0% 上升到了 2006 年的 15.1%，自从本次危机对这些工作者造成打击之后，其所占的份额呈下降趋势（2009 年降至 13.6%）。鉴于不同的工作者群体所面临的情况也各不相同，劳动力市场的新进入者（年轻人、女性和移民）及低技能和缺乏经验的工作者所感受到的就业保护法规领域不完全改革所产生的影响也很不均衡（克汗，2007 年；多拉多等人，2007 年）。

要确定 2008 年发生就业危机期间这种二元性是否有所加剧，并非是直截了当的事。首先，鉴于劳动法规的结构可能对劳动力市场细分所产生的最终影响各不相同（直接、替换），因此，无论就理论[1] 还是实证而言，就业保护法规和劳动力市场二元性之间的关系仍需进一步研究。其次，在危机期间，由于在需求模式方面存在高度的不确定性，因此，（为数不多的）公司即使要招聘员工，也可能大多倾向于采用固定期限的合同形式。与此同时，减少其劳动力的（许多）公司可能对非标准就业形式产生不均衡的影响，对固定期限合同而言尤为如此。[2] 这种合同的双重性从客观上增加了年轻人就业的不稳定性（按照工作期限缩短来衡量）（见卡兹和托宁，2010 年），这可能从总体上加剧了该群体的不安全和不满意感。

[1] 很少有研究根据永久性和临时性合同之间存在的二元性背景对改革进行建模，一个例外情况是博埃里（2010 年）所做的研究，此项研究所依据的是莫滕森—皮萨里季斯类别模型。

[2] 如欲了解更多详情，请参见卡兹和托宁著作（即将出版）。

资料来源：卡兹等人（即将出版）。

图 2.6　普通合同的劳动法规相对于临时性合同劳动法规的相对严格性及临时性就业的发生率：标准假设与基于证据的关系

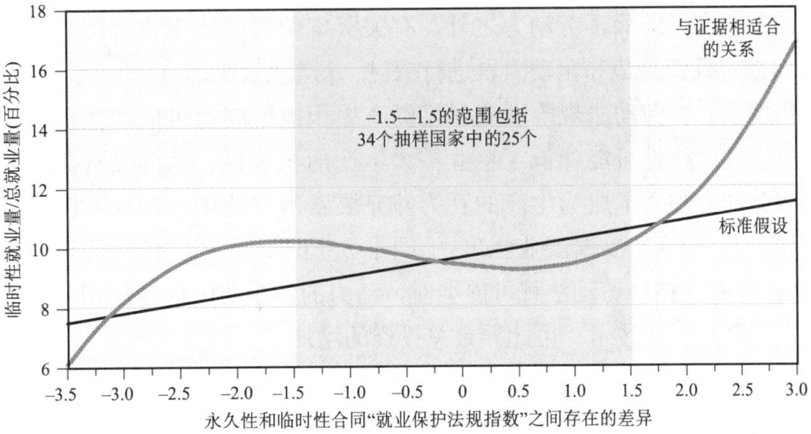

注：模拟实验所依据的是利用 30 个国家的数据对临时就业率进行固定效应估测所得的数据。

资料来源：国际劳工研究所的估算数据（如欲了解详情，请参见本章附录 A）。

大军及年轻人）、就业人口占总人口的比率及永久性就业人员占员工总数的份额被用作因变量，以测试就业保护法规与劳动力市场对危机作出的反应的相关程度。例如，对于爆发危机之前具有更高水平“就业保护法规指数”的国家而言，当国内生产总值出现既定水平的下降时，是否失业率也或多或少地呈增长态势。在决定劳动力市场成效的过程中，劳动法规的结构可能发挥着十分重要的作用，因此，我们在该分析中也考虑了总体的“就业保护法规指数”和三项成分指数对普通和临时性合同及集体解雇所产生的影响。为了进行鲁棒性检查，一些参数还包含了控制变量，如2007年的工会密度和2007年的薪酬谈判的协调程度。

图2.7显示的是“就业保护法规指数”和因变量变化绝对值（在排除国内生产总值变化所产生的影响之后）之间的关系（在5%的水平时较为显著）。该图显示，有证据表明，总体的指数对就业率产生了积极的影响。然而，当引入控制变量（如工会密度或协调性）时，则此关系并不显著（p值：11%）。这丝毫不令人奇怪，因为此类跨国家研究缺乏鲁棒性。然而，鉴于上面所展示的证据，这项发现显得十分有趣，因为在就业保护法规对就业所产生的系统性负面影响方面，它对这种影响的存在性提出了挑战。

在就业结构方面，似乎永久就业量占员工总数份额的变化与就业保护法规之间并不存在任何显著的关系，这无疑可从小而不显著的系数值看出。这并不令人奇怪，因为如上所述，法规和劳动力市场的二元性之间存在十分复杂的关系。可以肯定的是，在有关就业保护对提升劳动力市场二元性所发挥作用的争论中，如若要制定一些推荐方案，必须采取十分谨慎的态度。如上所述，针对就业保护法规和二元劳动力市场之间存在的因果关系的评估并非能够轻而易举地做到。

……私营部门的投资。

若要清晰地梳理就业保护和国内生产总值增长之间的关系，则绝非易事，因此，大多数的研究发现，两个变量之间没有任何关系或关系不甚显著。本章采用了一种颇为新颖的办法，详细考察了“就业保护法规指数”和私营企业投资（即：私营部门固定资本形成总额占国内生产总值的百分比）之间的联系。对投资的影响源自于如下事实，即除了劳动力之外，有关资本配置的决定也有赖于劳动力市场制度（如欲对投资趋势和驱动因素进行探讨，请参见第四章）。

从理论的角度来看，劳动法规既可能对投资产生积极影响也可能产生消极影响。一方面，法规的严格性可能降低了企业扩大生产的积极性，从而导致总投资减少。同样，在劳动力和资本成为生产的互为补充要素的行业中，法规对就业和投资的影响也将大致相同（根据就业强度的不同或呈正相关关系或呈负相关关系）。另一方面，相对严格的劳动法规可能会对劳动力的使用产生抑制作用，从而鼓励公司采取资本密集型的技术，由此导致总投资的增加。

实际上，私营部门投资和就业保护法规严格性之间存在一种峰形关系。在“就业保护法规指数”值达到2.7之前，两个变量之间存在正相关关系，此数值稍高于经济合作与发展组织国家的法规严格性平均水平。超过2.7之后，两者间为负相关关系。这与早前所考虑的劳动法规和就业率之间的关系相一致（见图2.5）。与此同时，发展中和新兴国家没有足够的数据点以进行模拟实验，但是简单的相关性表明，就业保护法规和私营部门投资之间存在正相关关系。

图 2.7　总就业量与“就业保护法规指数”之间的关系

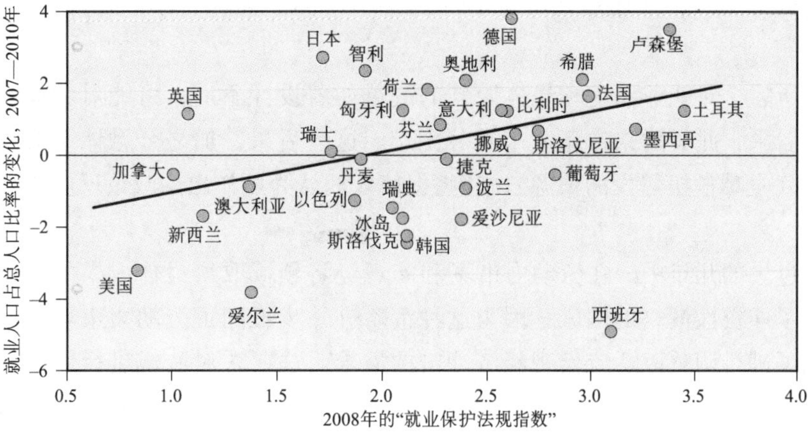

注：Y 轴显示的是国内生产总值变化回归的余量，而 X 轴显示的是 2007—2010 年就业人口占总人口比率的变化情况。如欲获取国家代码表，请参见第一章附录 A。

资料来源：国际劳工组织的估算数据（如欲了解详情，请参见本章附录 A）。

图 2.8　工资谈判和就业率的协调

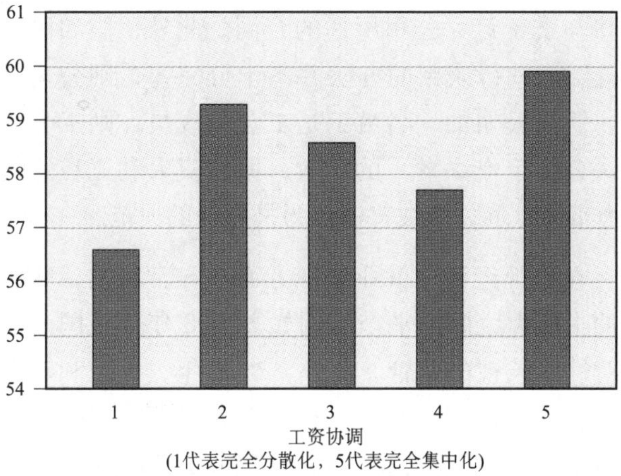

注：模拟实验所依据的是利用 34 个国家的数据进行固定效应估测所得的数据。

资料来源：国际劳工研究所的估算数据（如欲了解详情，请参见本章附录 A）。

集体谈判和就业水平之间的实证联系也很复杂。

更高覆盖水平和更加集中的谈判程度对总就业率产生负面影响的前提假设也并非一目了然。实际上，根据之前同样的指导原则所进行的模拟实验表明，针对工资设定的协调水平是非线性的（见图 2.8）。最低的就业率与协调值 1 相对应，协调值 1 不仅表示完全的分散化，而且代表破碎化（即：无序的分散，也就是有关工资的谈判不仅仅发生在公司层面，而且并没有经过任何的协调）。若协调值介于 2 和 5 之间，则就业和谈判之间存在一种 U 型关系。换言之，最高的就业率发生在完全分散化但十分有序的谈判体系（分值为 2）和完全集中化的谈判体系中（分值为 5）。与此同时，在协调水平介于中间时，就业水平相对较低。总之，无序的分散化对就业会产生负面影响，并且与介于中间水平的协调相比，往往会产生更加糟糕的后果。

第三节　政策考虑因素

如前一节所述，对就业制度和集体谈判的改革如若设计不周，可能对就业和投资产生不利后果，此类后果修正起来十分困难。这一后果，加之金融体系改革成果乏善可陈（全球危机爆发的根源），还将促使人们认为所作出的政策反应缺乏公平性。

相反，在过去的几年中，在劳动力市场和宏观经济领域取得最佳成果的国家往往都是选取了连贯性策略的国家，因为这种策略进一步巩固了劳动力市场的制度，并考虑到了进行调整以适应宏观经济冲击的需求。这要求对法规进行恰如其分的设计，同时要求采取一种综合性的策略，此策略须兼顾更为广泛的劳动力市场制度和社会保障组合，其宗旨是从总体上提高就业保障。

- 这场全球经济使*澳大利亚*长期以来持续性的经济增长戛然而止。在宏观经济不断恶化的背景下，2009 年，社会合作方和国家政府决定通过《公平工作法案》对劳资关系进行结构性改革。改革的总体目标是构建一项“对员工公平、对企业灵活”的劳资关系框架。根据这项新的法律，假如大多数工作者要求订立合同，雇主必须依据法律与员工订立公司层面的合同。此外，假如国家劳资关系主管部门认为在公司层面进行谈判的办法并不十分完善，则公司必须参与多雇主的谈判。而且，假如公司的一名员工是工会的成员，则工会有权参与谈判。尽管难以判断《公平工作法案》的功效，但是澳大利亚在这场全球危机之后的经济和劳动力市场复苏方面被普遍认为是成功的典范。

- 即使在全球危机期间，*奥地利*在宏观经济和就业表现方面也异常突出，同时还维持了就业安全性和应对冲击能力之间的平衡。例如，2008 年，该国政府提高了离职遣散费并加强了对性别歧视的监管。此外，2003 年，奥地利对离职遣散费系统进行了多项改革；其中最突出的是推行了个人储蓄账户的新体制，根据此项体制，雇主必须向一个相应的离职基金支付员工每月工资的 1.54%。这项支付从员工工作的第二个月开始支付，这笔款项不用缴税。这些措施确保工作者的离职遣散费不断积累，且不受就业岗位变动的影响，因此有助于鼓励就业的流动性。此外，这些资金的支付旨在作为养老金体系的有益支撑。

- 在这场全球危机发生之前的 10 年期间，*丹麦*在调和就业保障和灵活性之间的关系方面颇为成功。然而，最近几年，由于全球危机的影响，这种模式所承受的压力非常沉重。为了应对这场危机，国家政府和社会合作方决定加强就业保护。例如，对于丹麦工会联合会和丹麦雇主联盟所涵盖的部门而言，全国性协议首次纳入了离职遣散费。2010 年的制造业全国性集体协议将获得离职遣散费的权利扩大到了最低工作 3 年的时薪员工。政府和社会合作方联合采取的行动使丹麦就业保护体系免遭瓦解的命运，并使工作者避免以不均衡的方式承受经济衰退的后果。

- 2009 年，*约旦*政府决定实施一系列的措施，旨在避免经济形势和就业安全性的进一步恶化。在新成立的三方论坛“经济和社会委员会”上，与合作方开展的磋商均赞成实施此种办法，由此，对就业保护法规的所有三大支柱（永久性就业、临时性就业和集体解雇）进行了改革。首先，对于永久性员工个人所遭受的无正当理由和不公平解雇，劳动法庭现在可以强制判决员工恢复原职，或公司根据员工工作年限向员工支付资金赔偿。其次，为了缩小永久性和临时性工作者之间的差距，获得离职遣散费的权利扩大至固定期限的员工。结果，与该地区的邻国相比，约旦更加成功地摆脱了这场危机的影响。

- 拉丁美洲的几个国家的劳动力市场发展更加具有包容性。例如，阿根廷的劳动力市场制度和集体谈判继续共同发挥作用，以联合应对这场全球危机。经过与社会合作方广泛磋商，政府批准了所有主要的反危机措施，这些措施旨在提高就业保护法规和社会保障的覆盖范围。就业状况得以恢复，非正式就业发生率得以下降。同样，对巴西而言，随着2009年国内生产总值在近20年来首次出现下滑，长期持续的经济增长戛然而止。2008年，一个咨询委员会提交了一系列的推荐方案，其中包括提高就业保护和增加公共投资，这些方案随后被纳入到了政府批准的反危机措施之中。此外，2009年，一个三方委员会批准了延长失业救济时间的议案，并通过了一项旨在允许雇主临时解雇工作者的计划，这项计划实施的前提是在解雇期间雇主必须提供职业培训。如今，失业率已经恢复到危机前的水平。
- 在汇聚社会合作方以制定应对这场全球危机的政策并加以实施方面，南非的做法可圈可点。政府和社会合作方遵循该国三方决策的长期传统，决定制定一项应对危机的协调一致的政策。该项磋商过程开始于2008年10月，最终于2009年2月达成了《南非应对国际经济危机的政策框架》。这项全国性的框架协议确定了制定应对危机措施的六个优先事项：针对公共基础设施的投资、宏观经济政策、工业和贸易政策、就业和社会措施、全球协调和社会合作。
- 2009年，越南推行了一项旨在帮助在全球危机期间被解雇的工作者的计划——为工作岗位培训和自谋职业提供贷款。此外，该国政府还增强了工作者的结社权，并加强了针对不公平解雇的就业保护。作为国家范例，越南成功地应对了这场全球危机给宏观经济带来的冲击，同时加强并扩充了针对就业保护和劳资关系的各项制度。

附录 A
实证分析

本附录旨在为本章第二节所使用的实证分析提供背景信息。首先，必须着重指出的是，所用到的回归旨在帮助理解就业保护和集体谈判法规与就业和宏观经济表现之间的相关性。表 2A. 1 提供了该实证分析中所涵盖的国家清单（注意：对于第一节而言，所选择的国家更为广泛，因为此项分析在很大程度上有赖于定性数据）。就估算而言，本章采用了一个具有固定效应的模型，其中，固定效应与各个国家相对应。根据针对特定国家的效应的标准规范，劳动力市场表现和劳动力市场制度之间的关系可通过如下等式表达（拉齐尔，1990 年；艾迪森和特谢拉，2003b；巴萨尼尼和杜瓦尔，2006 年）：

$$y_{it} = \alpha_t + \beta_t + \sum_j X_{ijt} b_j + e_{it}$$

其中，y 代表因变量（就业率、临时性就业率和投资占国内生产总值的比重），X 是解释性和控制变量组，而 a 和 β 是针对特定时间和特定国家的固定效应。表 A2 中显示了所有的回归。对于本章而言，针对因变量推算的回归采用了若干不同的规范，而表 A2 显示了采用最简单模型的回归结果。从总体上讲，这些结果的可靠性强，而且该模型兼顾了就业保护法规和工资谈判指标的非线性情况。如若采用虚拟变量对工资谈判的协调进行回归，则所得结果大致相同。

表 2A. 1　实证分析中所使用变量的汇总

变量	定义	国家数量	年份*	资料来源
就业率	就业人员占总人口的份额	43	1980—2010 年	LFS** 或其他类似调查数据
临时性就业率	临时性就业人口与总就业人口的比例	43	1980—2010 年	LFS** 或其他类似调查数据
就业保护法规	此为经济合作与发展组织提供的有关就业保护严格性的综合指标。指标等级从 0 到 6，其中，0 表示就业保护严格程度最低，而 6 表示严格程度最高。	43	1985—2008 年	经济合作与发展组织
集体谈判中的工资协调	基于协调的集体谈判体系：范围从 1 到 5，其中，1 代表大部分为公司层面破碎化的谈判，而 5 则代表整个经济体范围内的谈判。	43	1980—2010 年	ICTWSS***
投资	私营部门固定资本形成总额占国内生产总值的份额	146	1980—2009 年	联合国国民核算
社会福利	盖洛普世界民意调查提供的总的主观型变量	194	2006—2011 年	盖洛普世界民意调查

* 根据变量的不同，并非可以获取所有国家各个年份的数据。

** 表示的是劳动力调查。

*** ICTWSS 代表工会、薪酬设定、国家干预和社会协定制度特征的数据库。

表 2A.2　针对就业和投资的实证分析（具有固定期限国家效应的回归模型）*

	就业率			临时性就业率		投资率**	
emprotleg	-0.0170	0.3110				15.5150	16.5134
emprotleg^{2}		-0.1189				-5.8905	-6.4328
emprotleg^{3}		0.0134				0.7394	0.8274
WageCoord			0.1377				
WageCoord^{2}			-0.0495				
WateCoord^{3}			0.0054				
emprotleg dif				0.0060	-0.0054		
emprotleg dif^{2}					0.0035		
emprotleg dif^{3}					0.0022		
恒定值	0.6258	0.3734	0.4722	0.0965	0.0938	6.0420	5.2334
σ_u	0.1053	0.1249	0.1003	0.0477	0.0483	3.2179	3.1661
σ_e	0.0271	0.0254	0.0277	0.0219	0.0212	1.9388	1.9532
△	0.9378	0.9604	0.9290	0.8257	0.8380	0.7337	0.7243
N 观察值	554	554	731	439	439	452	494
n 群组	34	34	37	30	30	23	29

* 所有的系数均具有传统意义上的统计显著性。

** 第一列仅针对发达经济体，而第二列针对所有国家。

附录 B

劳动法规和集体谈判方面发生的最新变化——部分国家范例[1]

本附录旨在提供一些国家范例，同时针对过去 5 年（2008—2012 年）就业保护法规和集体谈判方面发生的最新变化进行更为详尽的考察。必须着重牢记的是，从很大程度上讲，所推行的变革依据的是特定国家的具体条件，尤其是遭受危机的严重程度、劳动力市场制度的性质以及外部压力。最后，这些内容仅出于说明目的，鉴于此，它并不涉及对改革可取性或相关性的价值判断。同时，这些内容也不意味着新的规章制度将被强制实施。

1. 高收入经济体[2]

社会对话和集体谈判

在可以获取信息的 43 个高收入国家中，有 20 个国家改革了与劳资关系有关

1　本节由克莱门特·皮尼亚蒂·莫拉诺（国际劳工研究所）撰写，米歇尔·比依、梅勒尼·让鲁瓦、安格莉卡·穆勒和科琳·巴尔加（国际劳工组织对话）提供了大力协助。

2　出于操作和分析的目的，根据 2020 年的人均国民总收入（GNI）（利用《世界银行图表集》方法进行计算）把经济体分成不同的收入群组。这些群组包括：低收入（1005 美元或以下）；中等收入（1006 美元—12275 美元）；高收入（12276 美元或以上）。

的制度，而11个国家改革了与工作者代表性有关的制度。在绝大多数情况下，改革均朝着集体谈判分散化的方向迈进。例如：

- *希腊*：第3899号法令（2010年）规定，无论公司规模如何，只要公司遭遇不利的财政和经济境况，公司就可以与员工订立与相关的部门性协议中议定条件相比对员工不那么有利的集体协议。
- *匈牙利*：2011年，一项对劳动法典进行的改革削弱了国家层面进行的社会对话的作用，因为这项改革使三方委员会"国家利益协调委员会"变成了一个纯粹的咨询机构而非决策机构。同时，这项改革也对罢工和示威的可能动因进行了限制，并提升了罢工期间必须确保的必要公共服务的水平。
- *意大利*：第138号法令（2011年）规定，公司层面的协议可以偏离部门性协议。
- *斯洛伐克*：2010年12月，国会修改了集体协议拓展至非签署方的监管措施，并要求获得雇主的同意，以作为初始条件。2011年7月，国会批准了针对《劳动法》中有关工会组建的一项修正案（修改之后，工会必须在公司中至少具有30%的代表性）。
- *西班牙*：于2012年2月开始推行的新法规规定，如若谈判层面之间的措施发生冲突，则公司层面的协议优先于部门性或地区性协议。

在两个高收入国家中，劳动力市场改革均以加强劳资贡献为目的：

- *澳大利亚*：《2009年公平工作法案》加强了公司层面工会的作用及全行业协议的协调功能。如今的法律规定，如若绝大多数工作者要求雇主订立公司层面的协议，则雇主必须订立此类协议。此外，假如国家劳资关系主管部门认为在公司层面进行谈判的办法并不十分完善，则公司必须参与多雇主的谈判。而且，假如公司的一名员工是工会的成员，则工会有权参与谈判。
- *韩国*：在2010年对《工会与劳动关系调整法》修正之后，每个公司可建立不止一个工会。然而，公司必须与唯一一家选定为公司谈判代表性组织的工会进行集体谈判。

就业保护法规

在可获取信息的43个国家中，有19个国家针对永久性合同修改了有关的就业保护法规，有12个国家针对固定期限合同修改了就业保护法规，有11个国家针对出于经济原因的集体解雇修改了就业保护法规。例如：

- *爱沙尼亚*：如若出于经济原因发生个人解雇，则离职遣散费从2—4个月减少至1个月，合理解雇的理由得以增加，而如若发生不合理解雇，则也不存在恢复原职的可能性。此外，如若出于经济原因发生集体解雇，废除了劳动监察部门的集体解雇授权。最后，优先重新招募被集体解雇工作者的原则也被废除。
- *希腊*：第3863号法令（2010年）缩短了发生个人解雇时的解雇通知期，由5个月减少至3个月，降低了白领工作者的离职遣散费，并允许雇主向个人分期支付遣散费。新的法规也改变了集体解雇的定义，根据规定，对于少于20

个员工的公司，集体解雇的定义从4名员工增加至6名员工，对于超过150个员工的公司，集体解雇的定义从2%的员工增加至5%的员工。最后，固定期限就业合同在既定时间限制之后自动被视为无限期合同，此既定时间限制从2年提升至3年。

- 匈牙利：新的法规容许非授权人实施个人解雇，并使其正规化（而非取消）。此外，在发生不公平解雇时工作者所获得的赔偿从无上限减少至最多12个月的工资。
- 新西兰：针对个人解雇的新的合理性测试使得行政管理和司法主管部门的控制力减弱。此外，如若发生非法解雇，恢复原职不再被视为首要解决方案。
- 葡萄牙：对于自2011年11月1日起订立的合同，出于经济原因发生的集体解雇和个人解雇以及由于工作者不适合工作岗位而发生的个人解雇，遣散费减少至20天薪酬（改革前为30天薪酬）。此外，发生集体解雇时，减少了磋商的时间期限。
- 斯洛伐克：优先重新招募被集体解雇工作者的原则的应用期限也被缩短。
- 西班牙：2010年和2012年实施的劳动力市场改革修改了个人和集体解雇的有关法规。对于个人解雇而言，如若出于客观原因而导致解雇，则离职通知期限由30天减少至15天。如若发生不公平个人解雇，且如若解雇被驳回，员工不再享有司法裁决期间所累积的工资。此外，员工如今每工作一年仅可额外获得33天（此前为45天）的薪水。最后，在发生集体解雇时，如果公司员工多于50人，则雇主和工作者代表之间进行的磋商时间缩减至最多30天，对于更小的公司，磋商时间最多为15天。

一些国家针对个人和集体解雇的情况加强了对工作者的保护。例如：

- 澳大利亚：如今，雇主必须考虑出于经济原因所要实施的集体解雇的替代方案，而且在发生个人和集体解雇时，推行了遣散费计划。
- 比利时：在发生集体解雇时，知会劳动力主管部门的责任得以强化。
- 法国：推行了有关集体解雇（出于经济原因）的新法规。法规要求，当工作者被要求赴国外从事同一工作岗位时，雇主必须支付相当的工资。
- 匈牙利：如今，若要解雇临时机构的工作者，也必须履行离职通知期义务。此外，如若因“企业转让”而导致永久性员工的解雇，则员工如今可以享有离职遣散费。

2. 中等收入经济体

社会对话和集体谈判

在本群组的67个国家中，有20个国家对劳资关系进行了改革，同时，有26个国家对有关工作者代表性的制度进行了修订。其中一些修改导致了劳资关系的进一步分散化。例如：

- 立陶宛：2009年对《劳动法》进行的一项改革暂时性地（截至2010年年底）

推行一项制度，即雇主代表和员工代表可以签订集体协议，借此订立比劳动法典此前规定更为不利的条件（例如在离职遣散费和离职通知期方面）。

- 罗马尼亚：《2011 年社会对话 62 法律》废除了国家层面的集体谈判条款，并取消了将集体协议自动拓展至非签署方的条款。新的法规还提高了组建工会所需的工作者人数要求，提高了工会在订立集体协议方面的代表性门槛，同时放宽了解雇工会代表的条件。

与此趋势相对应的是，在许多中等收入经济体内，尤其欧盟之外的经济体，劳动力市场改革均以加强劳资关系为目标。例如：

- 刚果民主共和国、吉布提、加蓬、约旦、老挝和叙利亚：建立（或加强）了国家三方委员会，以促进就主要的经济和社会问题进行社会对话。
- 萨尔瓦多和摩尔多瓦：新推行了旨在确保工会结社自由的条款。
- 塞内加尔：塞内加尔的 2009 年第 1413 号法令为员工参与企业层面的集体谈判提供了切合实际的指南。

就业保护法规

在可以获得信息的 67 个中等收入国家中，有 15 个国家修改了永久性就业方面的就业保护法规，有 8 个国家对临时就业法规进行了修改，另有 8 个国家对出于经济原因的集体解雇制度进行了改革。例如：

- 亚美尼亚：如今，固定期限合同可以无限次地续签，而且并没有对合同的最长有效期施加限制。
- 白俄罗斯：如若出于经济原因而需针对永久性员工进行个人解雇，则解除了通知第三方的责任。
- 前南斯拉夫马其顿共和国：废除了优先重新招募被集体解雇工作者的原则。
- 加蓬：取消了续签短期固定期限合同的限制。
- 拉脱维亚：发生集体解雇时的离职通知期由 60 天减少至 45 天，劳动行政部门仅可以将此上限延长至不超过 60 天（而非此前的 75 天）。
- 毛里求斯：废除了在发生集体解雇时需获得劳动行政部门许可的规定。
- 罗马尼亚：延长了固定期限合同的最长期限，取消了旨在利用此类合同开发项目、实施计划或工作的集体协议。此外，在发生集体解雇时，公共部门的员工和签订有固定期限合同的工作者不受法规的保护。对于签订有永久性合同的工作者，在集体解雇之后优先重新招募的期限从 9 个月减少至 45 天。

与此同时，一些中等收入经济体加强了就业保护。例如：

- 约旦：在过去的几年中，约旦加强了其就业保护法规。首先，如若永久性员工遭受无正当理由和不公平的个人解雇，劳动法庭现在可以强制判决员工恢复原职，或公司根据员工工作年限向员工支付资金赔偿。其次，获得离职遣散费的权利拓展至签订有固定期限合同的工作者。
- 立陶宛：新的法规禁止解雇想要生孩子的永久性合同员工。

3. 低收入经济体

社会对话和集体谈判

在20个可以获取数据的低收入国家中，有6个国家对劳资关系进行了修订。改革主要集中在新制度的创建或对已有条款的澄清。在20个国家中，仅有2个国家修改了有关工作者代表性的制度。其中一些实例如下：

- 布基纳法索：2010年第806号法令规定了签署集体协议的程序，而2009年第841号法令修改了工会代表提名的有关规定。
- 莫桑比克：2009年第50号法令通过了国家劳资仲裁制度。
- 塔吉克斯坦：2008年政府第173号法令通过了“协调社会和工作关系三方委员会”条例。

就业保护法规

在20个国家中，有6个国家修改了有关永久性合同的就业保护法规，3个国家修改了有关固定期限合同的规定，6个国家修改了有关集体解雇的程序和规定。从总体上看，主要的修改均以放宽针对个人和集体解雇的规定为目的。例如：

- 中非：废除了在发生集体解雇时需获得劳动检查部门许可的规定。
- 吉尔吉斯斯坦：解除了出于经济原因而进行个人解雇时通知公共主管部门的责任。
- 马拉维：在发生集体解雇时，对于工作10年的员工，离职遣散费从30周薪水减少为25周薪水；对于工作20年的员工，离职遣散费从80周减少至65周薪水。
- 卢旺达：解除了出于经济原因而进行个人和集体解雇时与工作者代表进行磋商的责任。
- 津巴布韦：发生个人解雇时，离职遣散费从4—6个月薪水减少到2—4个月薪水。

其中一个低收入国家加强了个人和集体解雇的规定：

- 刚果民主共和国：相关部委法令规定，如若进行任何解雇，雇主必须在48小时之内把情况汇报给劳动监察部门的地区办公室及国家就业机构的地区办公室。

参考文献

Addison, J.T.; Teixeira, P. 2003a. "What have we learned about the employment effects of severance pay? Further iterations of Lazear et al.", IZA Discussion Paper No. 943.

Addison, J.T.; Teixeira, P. 2003b. "The economics of employment protection", in *Journal of Labor Research*, Vol. 24, No. 1, pp. 85–129.

Aleksynska, M.; Schindler, M. 2011. "Labor market regulations in low-, middle- and high-income countries: A new panel database", IMF Working Paper 11/154.

Amuedo-Dorantes, C.; Malo, M.A. 2008. "How are fixed-term contracts used by firms? An analysis using gross job and worker flows", in *Research in Labor Economics*, Vol. 28, pp. 277–304.

Bassanini, A.; Duval, R. 2006. "The determinants of unemployment across OECD countries", in *OECD Economic Studies*, Vol. 42, No. 1, pp. 7–86.

Bertola, G., Boeri, T. and Cazes, S. 2000. "Employment Protection in Industrialized Countries: The Case for New Indicators", in *International Labour Review,* Vol. 139, No. 1, pp. 57-72.

Blanchard, O.; Galí, J. 2010. "Labor markets and monetary policy: A new Keynesian model with unemployment", in *American Economic Journal: Macroeconomics*, Vol. 2, No. 2, pp. 1–30.

Boeri, T.; Garibaldi, P. 2007. "Two tier reforms of employment protection: A honeymoon effect?", in *Economic Journal*, Vol. 117, Issue 521, pp. 357–385.

Calmors, L.; Driffill, J. 1988. "Centralization and wage bargaining", in *Economic Policy*, Vol. 3, No. 1, pp. 13–61.

Cazes, S.; Nesporova, A. 2007. "Labour markets in Central and South-Eastern Europe: From transition to stabilization", in S. Cazes and A. Nesporova (eds): *Flexicurity: A relevant approach in Central and Eastern Europe* (Geneva, International Labour Organization).

Cazes, S.; Tonin, M. 2010. "Employment protection legislation and job stability: A European cross country analysis," in *International Labour Review*, Vol. 149, No. 3, pp. 261–285.

Cazes, S.; Khatiwada, S.; Malo, M.A. Forthcoming. "Employment protection legislation and collective bargaining in the post-crisis period: An empirical assessment", ILO Working Paper, 2012.

Cazes, S. and Tonin, M. Forthcoming. "Labour Market Duality in Times of Crisis: An European Perspective," ILO Working Paper, 2012.

Dolado, J., M. Jansen, and J.F. Jimeno (2007): "A Positive Analysis of Targeted Employment Protection Legislation", B.E. Journal of Macroeconomics 7, article 14.

Eichhorst, W. and Marx, P. 2010. "Whatever Works: Dualisation and the Service Economy in Bismarckian Welfare States", IZA Discussion Paper No. 5035.

Eichhorst, W.; Escudero, V.; Marx, P.; Tobin, S. 2010. "The impact of the crisis on employment and the role of labour market institutions", International Institute for Labour Studies Discussion Paper No. 202 (Geneva, International Labour Organization).

Glassner, V.; Keune, M. 2010. "Negotiating the crisis? Collective bargaining in Europe during the economic downturn", DIALOGUE Working Paper 10 (Geneva, International Labour Organization).

Hayter, S.; Weiberg, B. 2011. "Mind the gap: Collective bargaining and wage inequality", Chapter 6 in S. Hayter (ed.): *The role of collective bargaining in the global economy: Negotiating for Social Justice*, pp. 136–186.

Hayter, Susan. Forthcoming. "Promoting balanced recovery: The role of collective bargaining", DIALOGUE in Brief No. 4, ILO, Geneva, 2012.

Kahn, L.M. 1998. "Against the wind: bargaining recentralisation and wage inequality in Norway 1987-1991", in *Economica*, Vol. 65, No. 260, pp. 507-534.

Lazear, E. 1990. "Job security provisions and employment", in *Quarterly Journal of Economics*, Vol. 105, pp. 699–726.

Muller, A. 2011. "Employment protection legislation tested by the economic crisis: A global review of the regulation of collective dismissals for economic reasons", ILO DIALOGUE in Brief No. 3 (Geneva).

Organisation for Economic Co-operation and Development (OECD). 2004. *OECD Employment Outlook 2004* (Paris).
Pissarides, C. 2010. "Why do firms offer 'employment protection'?", in *Economica*, Vol. 77, No. 308, pp. 613–636.
Skedinger, P. 2010. *Employment protection legislation: Evolution, effects, winners and losers* (Cheltenham, Edward Elgar).
Traxler, F. 1994. "Collective bargaining: Levels and coverage", in *OECD Employment Outlook 1994*, pp. 167–194.
Venn, D. 2009. "Legislation, collective bargaining and enforcement: Updating the OECD employment protection indicators", Working Paper 89 (Directorate for Employment, Labour and Social Affairs, OECD, Paris).

第三章
财政调整与就业增长*

主要研究成果

- 发达经济体金融体系的崩溃引发了全球性经济危机，在此之后，许多国家将财政政策作为一种反周期举措使用。这种措施有助于缓解危机，尽管如此，它也导致了财政赤字和公共债务的增加。2007—2009 年期间，在本章所分析的 168 个国家中，超过 91% 的国家的公共债务在国内生产总值中的占比有所增加；2010 年，在上述国家中，超过 71% 的国家的公共债务在国内生产总值中的占比进一步增加。平均而言，发达经济体的公共债务在国内生产总值中的占比在同期增加了近 24 个百分点，在 2010 年达到了 95%。同样，对于新兴经济体群组而言，在所分析的 71% 的国家中，同期的债务比率有所上升，但幅度并不太大（平均仅为 7.7 个百分点），2010 年，债务在国内生产总值中的占比达到了 35.5%。相反，在所分析的发展中国家中，公共债务比率平均下降了 5.5 个百分点，2010 年，在国内生产总值中的占比降至 52%。

- 在这一趋势背景下，发达经济体的财政赤字于 2009 年达到了峰值，因此，几乎 93% 的发达国家均采取了财政调整措施。其中绝大多数措施均以削减开支而非增加收入为目的。2009 年第三季度至 2011 年第三季度期间，财政开支占国内生产总值的比重下降了 1.4 个百分点，然而就在同期，收入在国内生产总值中的占比增加了 1.2 个百分点。在政府开支削减中，政府工资数额的削减占 36%，政府投资的削减几乎占开支削减的 30%，社会开支的削减占比超过 22%。收入所得税和财产税的增加几乎占政府收入增加幅度的 77%，而间接税收的增加占政府收入增加幅度的近 42%。相比之下，社会贡献却出现了下降。发达经济体针对 2012 年制定的预算方案将依然按照类似的路线继续实施财政调整，某些欧洲国家尤为如此。

- 如若详细考察所推行的各种政策措施，可以发现新兴和发展中国家之间存在稍许的差异。实际上，在选定的新兴和发展中国家群组中，仅有 28% 的国家在危机期间实施了直接以降低社会保障利益为目的的政策，相比之下，发达国家的这一比例为 65%。各国所推行的政策也千差万别。一些国家的政府推行了养老金改革，这些改革要么降低了养老金数额（如匈牙利和爱尔兰），要

---

* 感谢斯蒂芬·托宾对本章终稿及初稿所做的宝贵贡献和注释，同时感谢克莱门特·皮尼亚蒂制作了专栏 3.1。

么提高了退休年龄（如加拿大、比利时、法国、希腊和西班牙）。所进行的其他变革包括减少失业救济（捷克、荷兰和乌克兰）以及减少病假期限（爱沙尼亚）。相比之下，许多发展中经济体力图扩大养老金计划的覆盖面（智利、印度和乌干达）或收益（阿根廷、亚美尼亚和佛得角）。

- 本章所提及的证据表明，如若国家想要在培育财政稳定性的同时大力促进就业的增长，则财政调整措施的步伐和内容显得十分重要。实际上，如果按照目前财政调整的途径发展下去，将会导致就业增长疲弱乏力，且致使中期的财政状况持续恶化。这主要是由于较低的公共投资水平对经济和就业产生了负面影响，而这种负面影响并不能通过提高私人投资来加以弥补。相比之下，如若对开支和收入的构成采取财政中性的变革，则依据所选择的政策组合的不同，在次年一年内所创造的就业岗位就可介于180万—210万个。对于新兴和发展中国家而言，工作的重点应当放在旨在减少贫困和收入差距并刺激总需求的公共投资和社会保障之上。对于发达经济体而言，工作的重点应当是确保失业人员——尤其青年失业者——能够获得充分支持，以重新找到工作。
- 最后，各个地区和国家所实施的财政调整的步伐和强度千差万别，这凸显出政策协调的缺乏。许多国家正在集中精力快速地削减自身的财政赤字，期望其他国家将在推动全球经济增长的过程中身先士卒。就短期而言，此种策略似乎有效，但是长期效果可能适得其反。实际上，在全球经济危机的背景下实施内向型政策可能对其他国家及更大范围的全球经济复苏造成不利影响。

引言

为了应对2007—2008年爆发的金融和经济危机，各国政府开展了旨在保护金融部门的大规模财政支持，同时实施了旨在刺激总需求的诸多激励措施。在当时，政府开支的增加被视为一种必不可少的措施，以便在私营部门的需求恢复之前对经济提供支撑。然而，由于私营部门的企业活动及实体经济的投资持续踟蹰不前，大幅的经济增长稍纵即逝（同时参见第四章）。自那以后，政府收入出现了大幅恶化的局面，其主要原因是税收缺口。[1] 因此，在所分析的大多数国家中，公共债务的比率大幅上升，而且在未来几年内将注定继续维持上升趋势。[2] 展望未来，关键的问题是：在政府面临削减开支、增强私营部门疲弱的需求等众多压力之下，如何刺激经济活动？

鉴于此，本章将评估财政调整所面临挑战的规模和性质。尤其值得注意的是，尽管需要解决财政失衡的问题，但所面临的挑战是，在解决失衡问题时，如何在保护公共财政的同时，又不对经济复苏前景造成进一步损害。对此，工作的重点

1 危机期间，危机通过各种不同的渠道对财政平衡产生了影响，如欲了解对此类渠道的分析，请参见《2010年世界劳工报告：从一个危机走向另一个危机》的第三章（国际劳工研究所，2010年）。

2 参见切凯蒂等人（2010年）、埃斯库德罗和洛佩兹（即将出版）和国际货币基金组织（2012年）。

应当放在设计不周的财政削减措施对就业和社会所产生的重要影响上。第一节着重对财政平衡的发展及最近公共债务的增加进行了简要分析，同时还详细考察了政府最近实施的旨在整合公共财政的努力。本节还详细分析了政府试图提高收入的方式以及它们将如何在2012年期间减少开支。第二节评估了对紧缩政策的构成进行的改变将对就业和财政状况所造成的影响，借此，重点说明了如何同时实现上述两项目标；实际上，如果政策设计得当，上述两项目标可以发挥相辅相成的作用。

第一节　债务的变化和持续的财政调整工作

自这场全球危机爆发以来，所分析的绝大多数国家的公共债务均出现了上升，发达经济体尤为如此……

自从这场危机于2007年开始爆发以来，受经济大幅衰退和许多国家持续下滑的国内生产总值出现二次探底的拖累，发达经济体[1,2]的公共债务[3]迅速增加。实际上，在2007—2009年期间（赤字达到峰值），在所分析的国家中，有超过93%的国家的财政赤字出现了恶化，2009年的财政赤字增加了7.8个百分点，在国内生产总值中的占比平均达到8.5%。与此同时，在所分析的此群组国家中，有超过91%的国家的公共债务在国内生产总值中的占比有所增加，超过71%的所分析国家的这一占比在2010年出现了进一步的增加（见图3.1）。平均而言，2007—2010年期间的债务比率增加了近24个百分点，在国内生产总值中的占比在2010年达到95%。据估计，尽管财政赤字有所降低，2011年的债务比率将进一步增加。然而，发达经济体在日益恶化的债务水平方面存在相当大的差异性：

- 例如，爱尔兰和冰岛的上升趋势最为迅猛——分别为70%和63.3%，尽管其公共债务与国内生产总值之间的初始比值处于相对较低的水平。有趣的是，尽管其他国家在危机发生之前的债务维持在相对较低的水平，但是危机发生之后，公共债务水平出现了大幅上升，西班牙、英国和美国尤为如此。
- 2007年，希腊、日本及程度较轻的意大利的公共债务水平已经超过了100%，而危机发生之后，这些国家的债务水平又出现了大幅上升——分别增加了37.3、32.3和15.4个百分点。
- 相比之下，出产石油的阿拉伯国家，如科威特、阿曼和沙特阿拉伯，其本身的债务比率已然很低，危机之后又进一步降低。

1　所分析的抽样包括168个国家，其中的45个为发达国家，49个为新兴经济体，74个为发展中国家。如欲了解所分析国家列表及其所属的收入群组，请参见第一章附录A。

2　“发达经济体”是指高收入国家，即人均国民收入（GNI）达到或超过12276美元的国家。“新兴经济体”是指中高收入国家（人均国民收入介于3976美元和12275美元之间）。“发展中经济体”是指低收入和中低收入国家（人均国民收入为3975美元或更低的国家）。

3　本章依据政府外债总额与国内生产总值之间的比率来衡量公共债务。总债务由“需要债务人在某一日期或未来某个期限内向债主支付利息和偿还本金的各种债务”组成。其中，“各种债务包括特别提款权、货币和存款、债券、贷款、保险、养老金和标准信用保证计划及其他应付账款形式的债务”（国际货币基金组织，2011b）。对债务的定义与《政府财政统计手册》（GFSM）和《国民经济核算体系》（SNA，2008年）所给出的定义相一致。

新兴和发展中经济体的此种形势和总体趋势与发达国家的情况截然相反。这些国家在危机之前积累了充分的财政空间，这使其在采取应对危机措施时对财政平衡和债务积累所产生的影响十分有限。例如，在新兴经济体中，财政平衡平均恶化了4.7个百分点，从2007年在国内生产总值中1%的盈余，恶化至2009年3.7%的赤字。财政状况的持续弱化，加之经济增长速度乏力及高通胀率，导致债务比率上升，但上升幅度仍然较小（即：在危机期间，平均上升了7.7个百分点）。发展中国家财政赤字的攀升——4个百分点——并没有导致公共债务的上升，这主要是归功于其强劲的经济增长。[1] 实际上，在2007—2010年期间，这一国家群组的公共债务比率平均下降了5.5个百分点，2010年降至52%。而且，针对2011年的估算数据显示，两个国家群组的财政赤字和债务比率均出现了下降。然而，国家之间仍然存在一些差异：

- 71.4%的新兴经济体的公共债务与国内生产总值的比率出现了上升；然而，变化的幅度却千差万别。2007—2010年期间，在新兴经济体中，债务水平增加幅度最高的国家是拉脱维亚和牙买加，前者与该群组中债务比率最低（7.8%）的国家相比高出32个百分点，而后者与该群组中债务比率最高（114.2%）的国家相比高出29个百分点。相比之下，塞舌尔群岛将债务比率减少了几乎50%——2010年降至83%。同样，阿根廷和加蓬的债务水平均下降了18个百分点，厄瓜多尔的债务水平下降了12个百分点。
- 发展中国家之间的差异性甚至更大。在所分析的国家中，有58%的国家的债务比率的总体下降主要归功于财政赤字的减少。非洲国家尤为如此（如布隆迪、刚果民主共和国、几内亚比绍和多哥），尽管伊拉克和利比里亚的债务比率也出现了下降。与此同时，几乎42%的所分析国家的公共债务比率出现了上升，其中包括亚美尼亚、格鲁吉亚和乌克兰。

……十分重要的一点是，应当采取一项中期的财政调整战略。

在危机期间，82%的所分析国家的公共赤字出现了上升，即96%的发达经济体、86%的新兴经济体和72%的发展中经济体。

发达经济体的财政开支增加是主要的不稳定因素——2007—2010年期间增加了4.6个百分点（见图3.2）。然而，财政收入在同期也出现了恶化，下降了1.9个百分点。新兴经济体的公共开支的上升幅度甚至更高——达到3个百分点，相对于财政状况的平均恶化程度而言上升了3.6个百分点。相比之下，发展中国家财政赤字的上升显然是其财政收入下降3.3个百分点所造成的。

上述研究结果显示，发达经济体的情况尤为令人担忧，因为财政平衡继续承受着因劳动力市场复苏乏力而形成的压力（参见第一章）。此外，当由危机造成的赤字上升袭来时，许多发达经济体正面临着改善预算平衡的巨大压力，以稳定因人口老龄化所造成的无力偿付负债的局面。

因此，使财政平衡重新回到可持续的发展轨道上来，以便使政府可以开始实施必不可少的结构性改革，这成了各项工作的第一要务。实际上，许多国家已经开始实施旨在整合其公共财政的措施。然而，所面临的挑战是找到一个合适的措

---

1 2007—2010年期间，该群组的公共债务总额增加了13.6%，与此同时，国内生产总值增加了近24%。

图 3.1　2007—2010 年期间公共债务* 和财政平衡在国内生产总值中所占百分比的变化

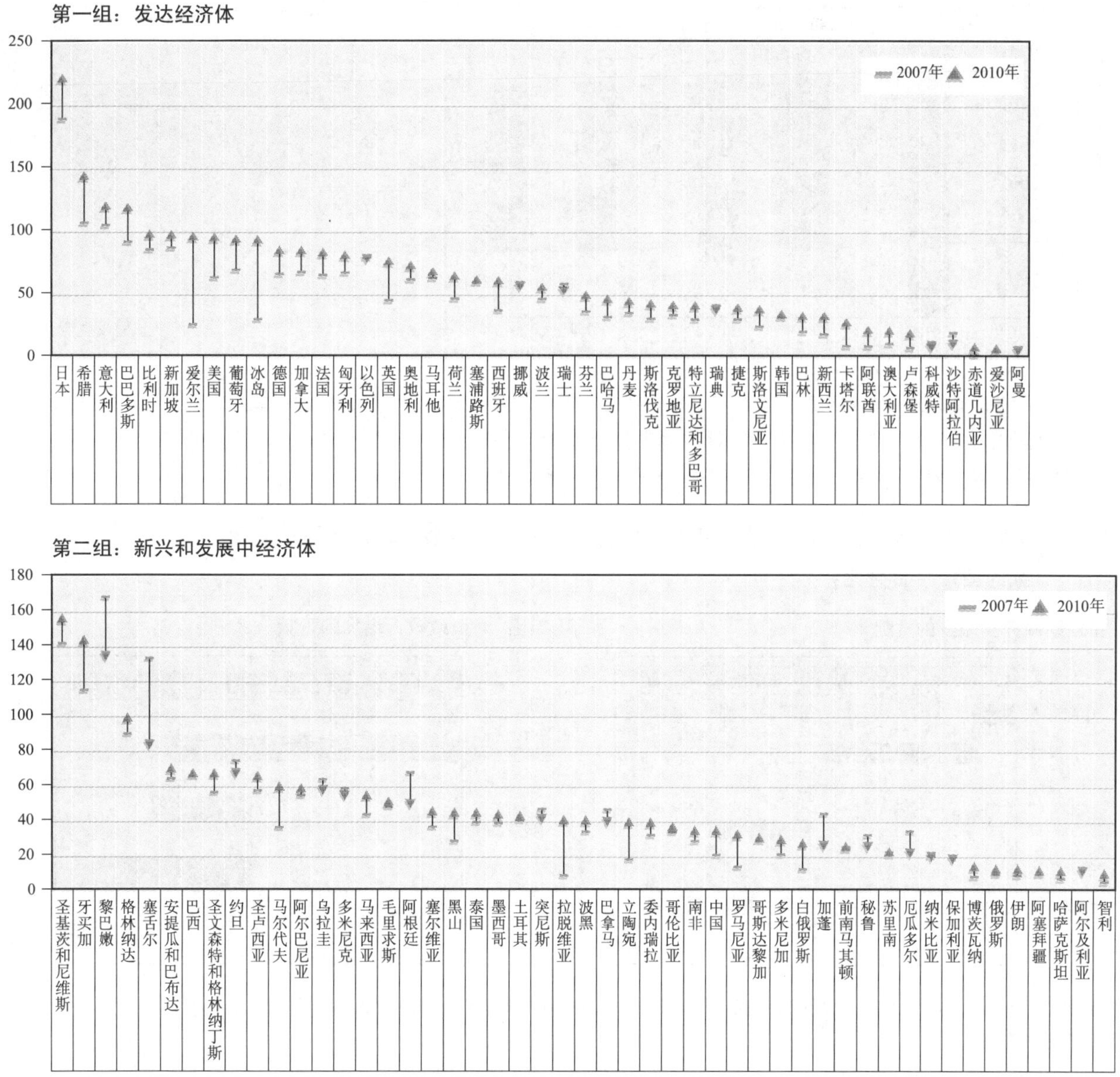

* 政府外债总额

注：所分析的抽样包括 168 个国家，其中的 45 个为发达国家，49 个为新兴经济体，74 个为发展中国家。如欲了解所分析国家列表、其所属的收入群组和国家代码，请参见第一章附录 A。

资料来源：国际劳工研究所根据国际货币基金组织（2011a）数据进行的计算。

施组合，这样，既能减少中期的赤字水平，又不会危及刚刚起步的经济和劳动力市场复苏。本节的其余部分将对国家为实现财政稳定而试图减少开支及增加收入的方式进行详细分析。

为了应对危机，大多数国家均采取了减少社会支出和限制公共投资的措施……

需要牢记的是，财政状况的恶化与所实施的旨在应对危机影响的具体社会和劳动力市场措施并无太大关系，而与金融体系的紧急融资、总开支的增加和税收收入的损失的关系更大。实际上，在 20 国集团的发达国家中，旨在保护金融部门的直接财政支持一直在发挥着实质性的作用——占其国内生产总值的比例超过了

图 3.2　按照国家群组划分的财政平衡的构成（占国内生产总值的百分比）

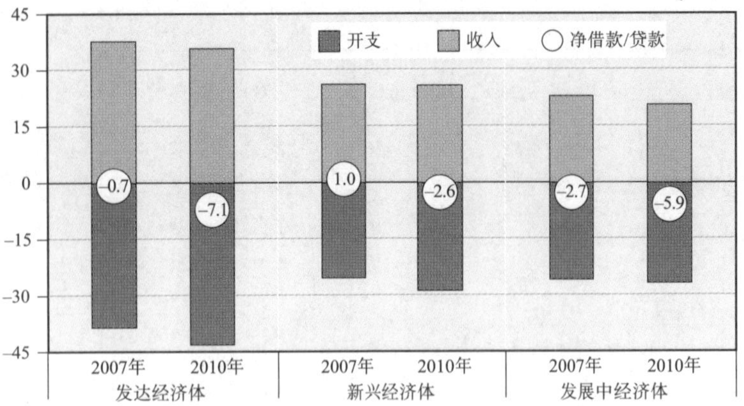

注：所分析的抽样包括 168 个国家，其中的 45 个为发达国家，49 个为新兴经济体，74 个为发展中国家。

国家群组平均数与基于 2010 年购买力平价（PPP）国内生产总值权重计算的加权平均数相对应。

资料来源：国际劳工研究所根据国际货币基金组织（2011a）数据进行的计算。

图 3.3　2009 年第三季度至 2011 年第三季度发达经济体对开支减少和收入增加产生贡献的因素（百分比）

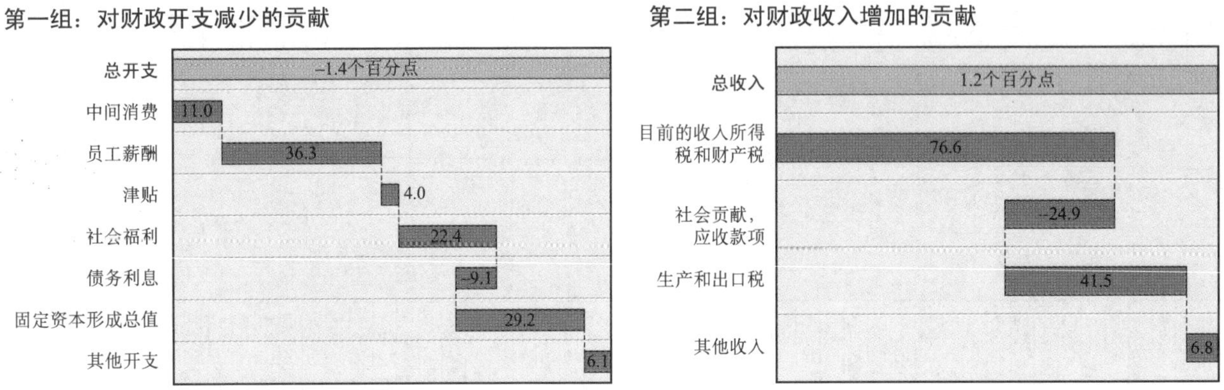

注：所分析的样本由 28 个发达经济体组成。由于缺少多个国家国民核算的最新季度性信息，因此该样本比此前的样本更小。

国家群组平均数与基于 2010 年购买力平价国内生产总值权重计算的加权平均数相对应。

资料来源：国际劳工研究所根据欧洲统计局和经济合作与发展组织的国民核算数据库、各国数据和国际货币基金组织数据所进行的计算（2011a）。

7%（而英国的这一占比高达 12%）。[1] 同样，有毒资产、借款保证函的购买或对银行的直接收购（如爱尔兰的情况）等其他措施，对政府赤字及其获得新融资的能力（尤其是以合理的利率）产生了重大影响。此外，在或有负债方面，依然存在相当大的不确定性，这种不确定性将对未来的财政平衡造成影响。

然而，随着财政赤字于 2009 年达到峰值，几乎 93% 的国家均采取了财政调整措施——要么通过减少开支、增加收入，要么通过两者并举的途径，从而对就业和社会形势产生了重要的作用。实际上，自 2009 年以来，财政调整的努力重点均在开支方面——2009 年第三季度至 2011 年第三季度期间，财政开支占国内生产总值的比重下降了 1.4 个百分点——与此同时，工资、投资和社会开支出现了大幅削减。尤其值得注意的是，2009 年第三季度至 2011 年第三季度期间，员工薪酬缩减对降低政府开支的贡献率超过了 36%（见图 3.3，第一组）。

1　如《2010 年世界劳工报告》（国际劳工研究所，2010 年）中所详细阐述的那样。

专栏 3.1 作为财政调整措施一部分的公共部门的工资和社会保障政策

针对公共部门工资的政策：随着危机的持续恶化及财政调整必要性的日益凸显，公共部门减薪和工资冻结开始被提到许多国家政府首要的政治议程之上。

2008—2011 年期间，在可以获得信息的 45 个国家中，有 27 个实施了旨在削减或冻结公共部门工资的政策。该趋势在发达经济体中更为突出（在所分析的 35 个国家中，有 22 个实施了此项政策）；而在所分析的 10 个新兴和发展中国家中，只有 5 个出现了类似的趋势。在危机期间，欧盟各国政府在公务员中推行减薪或工资冻结措施的可能性最大，所分析的 80% 的国家采取了此类措施。

针对公共部门的工资实施最大削减幅度的国家是受主权债务危机影响最大的经济体（如希腊、爱尔兰和葡萄牙）和国内生产总值出现大幅萎缩的国家（如爱沙尼亚、拉脱维亚、立陶宛和罗马尼亚）。相反，从持续的经济扩张中获益的国家或地区（如阿根廷、中国香港和新加坡）提高了公共部门的工资。

社会保障政策：同样，自 2008 年以来，在可以获得信息的 71 个国家中，有 31 个推行了养老金等社会保障福利的削减政策。与工资政策一样，发达经济体中的此趋势更为明显，危机期间，65% 的此类国家实施了至少一项旨在减少社会保障福利的措施，相比之下，新兴和发展中国家的这一比例为 28%。欧盟在此趋势方面表现依然最为抢眼，80% 的欧盟成员国推行了此类措施。

对社会保障福利的削减有各种不同的形式。一些国家推行了养老金改革，这些改革要么降低了养老金数额（如匈牙利、爱尔兰、拉脱维亚、立陶宛、马其顿和摩尔多瓦），要么提高了退休年龄（如阿尔巴尼亚、比利时、保加利亚、爱沙尼亚、法国、希腊、匈牙利、意大利、荷兰、罗马尼亚和西班牙）。所进行的其他变革包括减少失业救济（捷克、匈牙利、爱尔兰、拉脱维亚、荷兰、罗马尼亚、塞尔维亚、瑞士和乌克兰）、减少病假期限（爱沙尼亚）。与此同时，许多发展中经济体力图扩大养老金计划的覆盖面（智利、印度和乌干达）或收益（阿根廷、亚美尼亚和佛得角）。

图 3.4 自 2008 年以来推行社会保障福利削减措施的国家占比

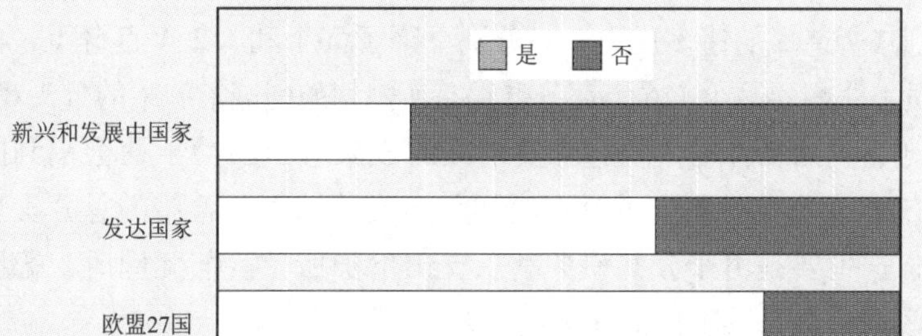

资料来源：国际劳工研究所根据各国数据进行的计算。

社会开支方面的情况也与此相同，[1] 在政府开支减少中，它的占比为 22.4%。值得注意的是，在许多国家，与员工薪酬和社会开支相关的公共开支的下降均是由政府所实施的具体措施所造成的结果，这些措施旨在减轻公共部门的薪酬负担和减少公共财政在社会保障领域的开支（专栏 3.1）。然而自相矛盾的是，在一些

1 根据《2008 年国民核算体系》（SNA，2008 年）的定义，社会开支包括通过市场生产商以实物形式完成的社会福利和社会转移。

国家中，社会福利占国内生产总值的百分比出现了下降，如匈牙利、意大利、卢森堡、波兰、葡萄牙、斯洛伐克和西班牙，而与2009年同季度相比，失业人数却持续上升（2011年第三季度增加了140万人）。

政府开支减少的另一项重要因素是生产性投资，在同期内，生产性投资在国内生产总值中所占的百分比不仅出现了下降，而且其价值跌落了6%，对总开支下降的贡献率为29.2%。[1]

就收入方面而言，在2011年第三季度之前的两年内，收入在国内生产总值中的占比上升了1.2个百分点。此上升幅度主要归功于税收收入的增加，尽管所获得的社会性贡献出现了下降（见图3.3，第二组）。更具体而言，收入所得税和财产税的增加几乎占政府收入增加幅度的77%，而生产和出口税收的增加几乎占政府收入增长的42%。

同样，自2009年以来，新兴的欧盟国家[2]和土耳其也采取了财政调整措施。在2009年第三季度至2011年第三季度期间，这些国家的总开支在国内生产总值中的比重下降了2.5个百分点，其推动力主要源自1.3个百分点的社会福利的减少及1.1个百分点的员工薪酬的减少。就收入方面而言，此群组国家的总收入在国内生产总值中的比重增加了1.8个百分点；此上升幅度背后的主要因素是间接税率增加了1个百分点。

……展望未来，大多数发达经济体将进一步采取紧缩政策……

2012年，绝大多数发达经济体的财政政策将延续紧缩的主要特征。各国政府预算针对2012年规划了各种不同的措施，对此类措施进行的一项对比性分析表明，这些国家将在2012年继续开展财政调整工作，而其主要途径是削减开支在国内生产总值中的占比（见表3.1）。在选定的所分析国家群组中，英国、葡萄牙和爱尔兰对公共开支的削减幅度最大——分别为2.8、2.3和1.8个百分点。英国和爱尔兰的生产性投资正在承受由削减所造成的诸多压力——分别下降了2个和1.2个百分点，而葡萄牙公共部门的员工薪酬（减少1.6个百分点）是所规划的削减措施中的重头戏。

在法国、西班牙、美国和日本，政府开支削减的成果应当归功于社会福利的减少。2012年，只有丹麦和芬兰制定了旨在增加总开支的计划。希腊的总开支也出现了上升势头，但这主要是由于公共债务利息支出增加所致。与此同时，德国正在实施财政调整政策，但是其步伐十分缓慢。

就收入方面而言，在所分析的18个国家中，有7个正计划提高2012年的收入，对于所有的上述国家而言（除葡萄牙外），收入增幅将源自税收的增加，尤其是个人收入所得税和企业税。例如，美国和澳大利亚的收入所得税和财产税将分别增加1.7个和1.4个百分点。另一方面，在葡萄牙，间接税的增加将推动政府收入的提高。

……各国间的政策协调微乎其微。

各个国家计划落实这种调整流程的强度存在相当大的差异（埃斯库德罗和洛

1 如欲了解对危机期间总投资发展和驱动因素的更为详细的分析，请参见第四章。

2 本项分析包括保加利亚、拉脱维亚、立陶宛和罗马尼亚。

表 3.1　2011—2012 年按类别划分的财政开支和收入占国民生产总值的百分点变化

	总开支	中间消费	员工薪酬	社会福利	债务利息	投资	其他开支	总收入	目前的收入所得税和财产税	社会贡献	生产和出口税	其他收入
澳大利亚	**-0.5**		△	-0.2*	0.1	-0.1		**1.3**	1.4		-0.1	-0.1
奥地利	**-0.6**	0.0	0.0	-0.1	0.1	0.0	-0.6	**-0.1**	0.4	-0.2	-0.1	-0.3
加拿大	**-0.4**			0.1	-0.1			**-0.1**	-0.1	0.0	0.0	-0.1
丹麦	**0.9**			0.4	-0.3	0.3	0.5	**-0.6**	0.0	0.0	0.1	-0.8
芬兰	**0.7**							**1.7**				
法国	**-0.4**	0.3	1.1	-2.4*	0.5	0.1	0.1	**0.4**	0.2		0.1	0.2
德国**	**-0.3**		0.0	-0.2	0.1	-0.3	-0.1	**0.6**			0.5	0.1
希腊	**0.2**	0.1	-0.7	0.4	0.9		-0.4	**1.6**	1.5		0.2	-0.1
爱尔兰	**-1.8**	-0.4	-0.5	-0.4	0.9	-1.2	-0.1	**-0.4**	0.4	-0.3	-0.1	-0.4
日本	**-0.8**			-0.6	0.0			**-0.6**	△		△	-0.7
韩国	**-0.6**			-0.04	-0.02	▽	▽	**-0.4**	0.04	-0.1	-0.4	0.0
挪威	**0.2**		0.2	0.3	-0.1	-0.1		**-2.0**		0.2	0.1	-2.3
葡萄牙	**-2.3**	0.0	-1.6	-0.6	0.9	-0.3	-0.8	**-0.9**	-0.3	-0.5	1.2	0.4
西班牙	**-0.9**		-0.1	-1.1	0.1	-0.1	0.3	**-0.3**	-0.2	-0.8	-1.4	2.1
瑞典**	**-1.3**			-0.3	-0.4		-0.6	**-2.3**		-1.7		-0.5
瑞士	**-0.1**	-0.01	0.01	-0.04	-0.02	-0.1		**0.03**	0.1		0.01	-0.2
英国	**-2.8**			-0.1	-0.3	-2.0	-0.2	**-0.3**	-0.3	-0.1	-0.1	0.2
美国	**-1.7**			-1.0*	0.1			**2.2**	1.7	0.7	0.2	-0.1

* 对美国而言，数值对应于强制性社会保障计划所产生开支的变化。对澳大利亚而言，它对应于社会福利和医疗开支的变化。对法国而言，此变化是由专门的干预性社会项目的减少所导致，如社会住宅援助（Aide pour le lodgement）、就业团结收入（Revenu de solidarité active）或成年残疾人津贴（Allocation pour adulte handicapé）。

** 对德国而言，数值对应于联邦政府的预算案；对瑞典而言，数值对应于中央政府的预算案。

资料来源：国际劳工研究所根据各国政府针对 2012 年的预算案及各国数据所进行的估算。

佩兹，即将出版）。在一些国家中，例如澳大利亚和法国，人们的预期是，所规划的紧缩措施将在短期内（即：在不到 2 年的时间内）确保债务的稳定性。葡萄牙的计划是在未来 3 年内实现债务的稳定。与此同时，在所分析的 1/4 的国家中，尽管采取了广泛的紧缩措施，但是在中期内并不会实现可促使公共债务趋于稳定的基本的财务平衡——例如，希腊有望在 10 年内实现债务稳定的基本平衡，而日本则需要 12 年。还有一些国家，尽管这些国家拥有充足的财政空间，但是依然选择了紧缩途径。实际上，挪威正在计划实现近 13% 的基本盈余，尽管 1% 的盈余已经足够了。瑞典和瑞士的情况也大致相同。综合而言，上述国家节省或削减的资金超过了 1 万亿美元，而这笔资金本来可以用于进一步培育总需求。

合理地控制公共财政显得至关重要。而且，财政调整的步伐必须兼顾各个国家的具体情况和前景。然而，各个国家财政调整强度的巨大差异凸显了国家之间政策协调的缺失。许多国家正在集中精力快速地削减自身的财政赤字，同时期望其他国家将在推动全球经济增长的过程中身先士卒。然而，在全球经济危机的背景下实施内向型政策时，必须采取审慎的态度，因为这些政策可能对其他国家及更大范围的全球经济复苏造成不利影响。本章的其余部分将更加详细地分析这个方面及其他政策事项。

第二节　财政调整对就业的影响：紧缩措施与对社会负责任的策略

自2010年以来，发达经济体日趋把重点放在采取紧缩措施之上——主要集中于持续减少社会支出、加大减薪力度及削减公共投资，同时提高直接税——其目标是迅速稳定财政平衡。在很大程度上，上述措施适得其反，不仅就财政稳定而言如此，对就业目标的实现也同样如此。尤其值得关注的是，如第一章所述，绝大多数国家的劳动力市场恢复显得疲弱而乏力：在实施了紧缩措施的超过90%的国家中，失业率依然高于2007年的水平；2011年年底，其中接近一半的国家的失业率出现了进一步的上升。由于缺乏协调一致的策略，这一问题变得日益严重起来。

然而，财政稳定本身不应当是一项目标，而应当是更快、更公平地实现经济和劳动力市场复苏的手段。为了培育未来的财政稳定性，同时对民众提供保护并促进创造就业，需要采取更加有效和协调一致的财政调整策略。鉴于此，对一组拥有劳动力和宏观经济变量季度性数据的33个发达国家进行了计量经济学分析，以了解紧缩措施和财政平衡构成与就业创造之间的关系。[1]分析的时间段为2007—2011年，以便能够评估财政变量在危机期间对就业产生的短期影响。

如若依照目前的方式实施财政紧缩政策，无疑将在中期内影响就业和财政状况……

假如按照目前的方式持续实施紧缩措施直至2013年上半年，那么发达国家群组仅能实现适度的增长——为0.2%。[2]此外，如若考虑到重新平衡财政赤字所造成的总体平衡效应，则财政调整将在中期内不具有可持续性。实际上，通过利用国际劳工研究所的全球经济链接（GEL）模型所进行的模拟测试结果表明，这种性质的财政调整将在减少公共债务方面毫无效果，因为它可能会对更加广泛的经济产生重大影响（见图3.5）。更具体而言，本项分析显示，尽管财政调整在短期内减少了债务，但是在2014年，债务水平开始再次攀升。这主要通过两种传导机制来实现。首先，公共投资的减少对生产率产生负面影响，生产率的下降又导致私人投资的减少。其次，停滞不前的就业增长给财政平衡造成压力。因此，目前财政调整的构成要素，如减少投资——尤其在危机期间——对就业和更加广泛的产出造成了不利影响，而且与此同时，它们对在中期内减少公共债务方面毫无效果。

1　此项分析的根据是凯恩斯经济理论的基本原则，即政府财政平衡可以在短期内改变就业的总体水平。根据凯恩斯模型的预测，政府开支的增加将通过实际工资和产出的增加来提升劳动力需求。可参见布林德和索洛（1973年）、帕帕（2009年）、莫娜切利等人（2010年）。如欲了解所实施计量经济学分析的方法、各种不同方程的确切参数及详细结果，请参见本章附录A和埃斯库德罗和洛佩兹（即将出版）。

2　实施此首个指标的目的是考察特定支出和收入项目的改变将对就业创造产生的影响，因此，财政变量以在国内生产总值中所占百分比的形式被纳入了此模型。分析表明，就短期而言，在危机期间，作为财政调整工作的一部分，注定要被进一步削减的两种类型支出——员工薪酬和公共投资——对就业产生的影响最为强烈。就收入方面而言，收入所得税也明显与就业之间存在极其显著的关系。

图 3.5 模拟测试：财政调整*之后的债务变化及债务与国内生产总值的比率（百分点偏差）

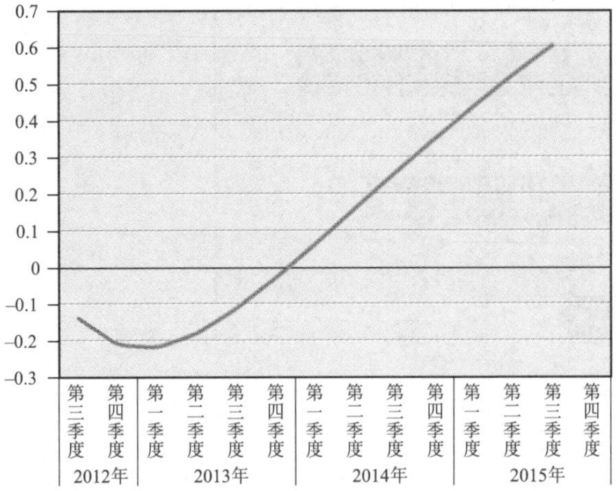

*所设定的财政调整总体情形是：公共投资与国内生产总值的比率削减了 7.8%，而与此同时，收入所得税增加了 3.8%。由于所采用方法的局限性，其中并没有包含公共部门工资比率的削减。假定上述政策于 2012 年中期开始生效，并在 2015 年年底之前对上述政策的效果进行衡量。

注：对于本项测试而言，通过下述途径所获得的估算数据，已将 GEL 模型针对本节所分析的 33 个发达国家群组进行了校准。此外，将公共投资与国内生产总值的比率设为 3%，利息支出与国内生产总值的比率设为 2.6%，税收收入与国内生产总值的比率设为 22%，收入所得税占总税收的比例设为 57%，债务与国内生产总值的比率设为 80%。

资料来源：国际劳工研究所根据 GEL 模型进行的计算。如欲了解详情，请参见沙普和库汗（2012 年）。

……然而，对公共投资和社会福利进行财政中性的重新调整可大幅提升就业创造……

为了了解各个国家在实现财政稳定的过程中所面临的挑战，我们采用了另一项指标，以直接评估财政平衡构成要素的变化对就业创造产生的影响。结果表明（该结果与实证文献中所得出的结果相一致），公共部门工资和公共投资与总支出之间的比率在危机期间及短期内对就业产生了积极的重大影响。[1]根据上述关系，我们模拟了几个假定方案，以证明：在保持 2011 年的赤字不变的前提下，对财政平衡构成要素实施财政中性的改变，例如政策组合的变化，将对就业创造产生影响（见图 3.6）。本项分析产生了许多颇为有趣的结果：

- 如若通过间接税的渠道提高收入，借此获得融资，从而增加公共投资和社会福利的开支——每年提高 1 个百分点，那么对于就业创造而言，这似乎是最有效的政策组合（方案 1）。实际上，通过该政策组合，截至 2013 年第二季度，将创造出 210 万个就业岗位。相比之下，如若各国继续实施 2011 年的紧缩政策，则创造出的就业岗位仅为 80 万个。
- 另一方面，假如通过减少公共债务的利息为此方案提供一部分资金，同时通过增加直接税与总收入的比率来为此方案提供另一部分资金，那么在 2013 年第二季度之前将创造出 180 万个就业岗位（方案 2）。

1 就收入的构成要素而言，间接税和直接税在总的公共收入中所占的比率在短期内与就业之间存在十分突出的反向关系；然而，收入所得税对就业具有更加深远的影响。如欲获得对各种不同关系的详细解释和对上述结果的经济学诠释，请参考本章附录 A。

图 3.6　模拟测试：2012 年第二季度至 2013 年第二季度期间发达经济体依据各种不同的政策组合方案[*]将创造出的就业岗位数量（百万个就业岗位）

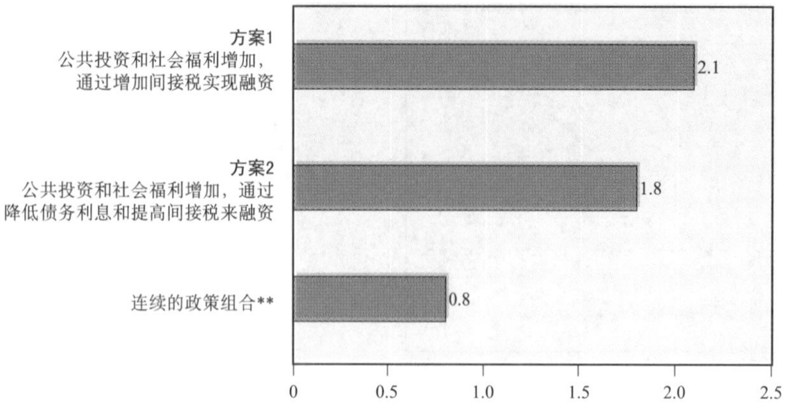

[*] 所有的想定方案均模拟了财政平衡构成要素的变化情况。它们均基于如下假设，即支出的增加要么通过减少其他费用来补偿，要么通过增加收入来融资。开支项目通过以在总开支中的形式加以衡量，收入项目通过以在总收入中的占比的形式加以衡量。

[**]"连续的政策组合"对应于目前形式的紧缩措施。

资料来源：国际劳工研究所根据经济合作与发展组织和各国数据进行的计算。

……就社会福利而言，这还可有助于解决贫困和不平等问题，同时大幅提升总需求。

除了能够刺激创造就业之外，社会政策还可在减少贫困、收入差距和支持内需方面——前两者是人们特别关注的问题——发挥重要作用（如第一章所述）。鉴于此，新兴和发展中经济体可以充分发挥现有财政空间的作用，提高和增强社会保障。目前，各国正逐步取得一定的进展。例如，中国上马了一个旨在扩展社会保障的大项目，其中包括养老金和全面覆盖农村地区的医疗保险。印度正计划在现有的"国家健康保险工程"（RSBY）的基础上推出其全面覆盖穷人的医疗计划。如若以更大的力度实施这种性质的计划，则还可对复苏过程提供支持，同时大力提升内需，对拥有财政盈余的国家尤为如此。例如在中国，公共社会开支（教育、医疗和养老金）在 GDP 中的占比每增加一个百分点，就会促使家庭消费在 GDP 中的占比提高 1.25 个百分点。[1]

而且，在对紧缩政策采取财政中性的这一转变的背景下，所实施的诸多项目将会有效地减少贫困和收入差距，同时又不会以牺牲公共财政为代价。例如，乌拉圭政府于 2007 年开始推行了旨在减少贫困和收入差距的"社会公平计划"。改革的初衷是采取收入中性的办法，结果促使该国的贫困率从 2007 年的 18% 降至 2010 年的 8%。此外，按照基尼指数衡量的收入差距也在同期从 47.6 降至 45.3。同样，乌干达推行的"1997—2008 年根除贫困行动计划"大幅逆转了贫困的上升势头（2005—2009 年期间，贫困率跌落 6 个百分点）。

发达经济体需要作出努力，以确保失业劳动者能够继续获得充足的收入支持，同时激励他们迁移至正在创造新的就业岗位的区域。这就意味着需要通过积极的劳动力市场计划把重点放在技能培训和升级之上——其中一个重点是年轻人，因为他们尤其面临着技能退化的问题。在许多国家，如奥地利、比利时和荷兰，新的培训计划均力图针对学校至工作岗位的过渡，并且确保年轻人与劳动力市场保

1　巴奈特和布鲁克斯（2010 年）。

持紧密的联系。在此，这类计划的成功实施将有赖于行之有效的就业服务。实际上，如若通过行之有效的就业服务，所提供的培训和积极的劳动力市场计划将更有可能取得成功。

只有通过加强协调，才有可能实现可持续和全球性的经济复苏。

在实施紧缩措施和调整公共财政时，选择正确的开支和收入组合至关重要，尽管如此，此举措仍不足以实现可持续的经济复苏，对就业岗位和收入而言尤为如此，因为还需要采取国际性的政策协调。发生下述风险的可能性日益加大，即：有太多的国家竞相朝同一方向采取类似的措施，这将引发一场工资或税收竞争，此竞争将最终导致一种逐底竞争战略。然而，20 世纪 30 年代发生的经济大萧条和 20 世纪 70、80 年代发生的深度衰退[1]等历史性证据[2]及更多最近发生的实证证据表明，采取协调一致的政策将会获得巨大收益：

- 协调一致的响应措施可大幅提升总需求：在财政领域开展有利的协调具有很大潜力，可以确保所有的国家实现更高水平的经济增长。[3]实现此项目标的渠道之一是在某一个国家内实施的财政刺激政策可提升其总需求，从而通过贸易的增加（如若国家之间在商品和金融市场方面存在更加密切的联系，则效果更为明显）导致其伙伴国总需求的增加。[4]2011 年，在欧盟 27 国中，几乎所有出口的 64% 仍然面向的是欧盟 27 国内部，因此，十分明显的一点是，可以通过政策协调实现相当巨大的收益潜力。[5]此外，由于国内货币升值，扩张性的财政政策可以提高产出，同时又可降低通货膨胀率。[6]
- 未经协调的响应措施将导致更大的不确定性和波动性：目前的这场经济危机证明，如若缺乏政策响应协调的政治意愿，则可造成一种不确定性氛围，这对经济和就业增长将产生破坏性后果。例如，目前存在的不确定性已经对银行和银行的借贷产生了尤为不利的影响，这对中小型企业的影响尤为严重。而且，如第四章所述，不确定性和波动性促使企业推迟作出投资和雇佣决定。
- 政策协调的其他收益：与纯粹的宏观经济政策相比，更为密切的政策协调将产生更多的收益。例如，从总体而言，某些国家对其他国家所采取的措施并不完全知晓。因此，如若对宏观经济政策进行更为密切的协调，将会在信息获取方面产生收益。而且，更为密切的政策协调还可产生加强政治联系的重要潜力。可以建立更为密切政策协调的良性循环；这样的良性循环将提高宏观经济和社会的收益，而这些收益又将进一步加强政策的协调，如此周而复始。

---

1 欧迪兹等人（1984 年）。

2 基于各种不同方法的许多理论和实证分析结果都支持政策协调所产生的巨大收益。可参见：卡兹等人（2005 年），库勒和夸德里尼（2002 年），葛尔曼（2002 年），帕帕（2002 年），萨瑟兰（2002 年）和恰卡洛夫（2002 年）。

3 欧迪兹等人（1984 年）。

4 早在 20 世纪 80 年代，欧迪兹等人（1984 年）发现，美国实施的财政刺激政策对德国产出的直接需求影响为 0.02%，如若考虑到美国从欧洲其他国家的进口，那么这个数据将增加 2 倍或 3 倍。

5 ITC（国际贸易中心）、贸易地图数据库。

6 当然，国际性的资产替代水平及各个经济体工资指数化的程度都将对此类效应的规模产生重要作用。

附录 A

财政政策、支出和收入组合及其对就业的影响：实证分析

第三节通过若干模拟测试为决策提供了更多的深刻见解，这些模拟测试结果证明了各种不同的财政政策（就连续的财政调整而言，但是主要针对财政平衡构成要素的变化）对就业产生的作用。本附录将解释说明如何构建模型，同时针对第三节提及的政策假定方案，本附录还提供了方案模拟的定量依据。该项分析依据一组 2007—2011 年可获取季度性数据的 32 个国家[1]，并应用了横断面时间序列计量经济学模型。表 3A. 2 给出了此项模拟的结果（估计系数和变量显著水平）。如欲了解对上述结果更加详细的计量经济学诠释，请参考埃斯库德罗和洛佩兹（即将出版）及第三节正文。

该项分析所依据的是凯恩斯基本原理，即政府财政平衡可以在短期内改变总体的就业水平。[2]为了评估财政平衡变量对就业的影响，对半联立方程模型进行了评估。该模型包含两个方程，以实际国内生产总值和就业作为因变量。

根据描述经济增长和财政政策之间关系的经济学理论，[3]对下述模型进行了估算：

$$In(GDP)_{it} = \alpha_0 + \alpha_1 ln(GDP_{it-1}) + \alpha_2 ln(privategkf_{it}) + \alpha_3 ln(trade_{it}) + \alpha_4 ln(labour_{it}) + \alpha_5 ln(primary_{it}) + \alpha_6 ln(secondary_{it}) + \alpha_7 ln(FISCAL_{it}) + \varepsilon_{it} \quad (1)$$

其中：

GDP 指实际的国内生产总值；*privategkf* 代表私人投资；*trade* 为贸易条件；*labour* 为劳动力；*primary* 为小学入学率；*secondary* 为中学入学率；*FISCAL* 指财政自变量的矢量。

我们模型的第二个方程是一个标准的劳动力需求方程，其中，就业数据根据产出水平、劳动力成本和资本投入计算而得：[4]

$$ln(employment)_{it} = \beta_0 + \beta_1 ln(wages_{it}) + \beta_2 ln(gkf_{it}) + \beta_3 ln(GDP_{it}) + e_{it} \quad (2)$$

其中：

Employment 指总的就业人口；*wages* 为整个经济体中员工的薪酬；*gkf* 为整个经济体的资本形成总额；*GDP* 为实际国内生产总值。

为了了解财政变量对就业产生的潜在影响，将方程式（1）代入方程式（2）的 *GDP* 参数。

---

1 本项分析中所包括的 32 个经济体如下：奥地利、比利时、保加利亚、加拿大、塞浦路斯、捷克、丹麦、爱沙尼亚、芬兰、法国、德国、希腊、匈牙利、冰岛、爱尔兰、意大利、日本、拉脱维亚、立陶宛、卢森堡、马耳他、荷兰、挪威、波兰、葡萄牙、罗马尼亚、斯洛伐克、斯洛文尼亚、西班牙、瑞典、英国和美国。

2 参见布林德和索洛（1973 年）；帕帕（2009 年）；蒙纳塞利等人（2010 年）。

3 参见古普塔等人（2005 年）。

4 参见，莱亚德和尼科尔（1986 年）。

结果生成新的方程（3），根据此方程，可以估算财政平衡的组成变量和就业之间的关系：[1]

$$ln(employment)_{it} = \delta_0 + \delta_1 ln(GDP_{it-1}) + \delta_2 ln(privategkf_{it}) + \delta_3 ln(FISCAL_{it}) + v_{it} \quad (3)$$

根据对就业的这种定义，建立了两种不同的指标，以便首先评估特定支出和收入项目的变化对就业创造产生的影响；另外，评估支出和收入构成要素的变化对就业创造的影响。

模型 A　财政平衡特定构成要素对就业的影响

实施第一项指标（4）的目的是了解特定支出和收入项目的变化对就业创造所产生的影响。因此，财政变量通过在国内生产总值中所占百分比的形式被纳入到模型之中，此外并不涉及额外的财政平衡。可将模型 A 用如下公式表示：

$$\begin{aligned} ln(employment)_{it} &= \delta_0 + \delta_1 ln(GDP_{it-1}) + \delta_2 ln(privategkf_{it}) + \delta_3 ln(pubwages\_GDP_{it}) \\ &+ \delta_4 ln(interest\_GDP_{it}) + \delta_5 ln(benefits\_GDP_{it}) + \delta_6 ln(publicgkf\_GDP_{it}) \\ &+ \delta_7 ln(indtaxes\_GDP_{it}) + \delta_8 ln(incometaxes\_GDP_{it}) + v_{it} \end{aligned} \quad (4)$$

其中：

Pubwages_ gdp 指工资和薪水方面的公共开支；*interest_ gdp* 为公共债务的利息支出额；*benefits_ gdp* 为社会福利方面的公共开支；*publicgkf_ gdp* 为公共投资；*indtaxes_ gdp* 为所收取的间接税；*incometaxes_ gdp* 为所收取的收入所得税。

模型 B　支出和收入构成要素的变化对就业的影响

考虑到各国需在不损害刚刚起步的经济复苏势头且不进一步破坏劳动力市场的前提下实现财政平衡的稳定性，我们实施了就业模型的另一项指标（5）。在第二个模型中，在衡量财政变量时，需要考虑财政变量与总开支或总收入的相对关系，以此直接评估开支和收入构成要素的变化对就业创造所产生的影响。可将模型 B 用如下公式表示：

$$\begin{aligned} ln(employment)_{it} &= \delta_0 + \delta_1 ln(GDP_{it-1}) + \delta_2 ln(privategkf_{it}) + \delta_3 (pubwages\_exp_{it}) \\ &+ \delta_4 (interest\_exp_{it}) + \delta_5 (benefits\_exp_{it}) + \delta_6 (publicgkf\_exp_{it}) \\ &+ \delta_7 (indtaxes\_rev_{it}) + \delta_8 (incometaxes\_rev_{it}) + \delta_9 (contribut\_rev_{it}) + v_{it} \end{aligned} \quad (5)$$

其中：

pubwages_ exp 指工资和薪水方面的公共开支（占总开支的百分比）；*interest_ exp* 为公共债务的利息支出（占总开支的百分比）；*benefits_ exp* 为社会福利方面的

1　此就业扩展方程并不包含方程（1）所述的经济增长模型中所含的一些变量。方程（3）中不含贸易条件、小学和中学入学率及劳动力等变量，因为对于该模型而言，上述变量的显著水平并不足够高。

表 3A.1　回归分析中所采用变量的定义和来源

变量	定义	资料来源
就业	年龄介于 15—64 岁的就业人员	经济合作与发展组织统计数据；欧洲统计局和各国数据。
实际国内生产总值	按实值计算的国内生产总值	经济合作与发展组织统计数据；欧洲统计局和各国数据。
私人投资	私营部门的资本形成总额	经济合作与发展组织统计数据；欧洲统计局和各国数据。
公共部门的工资和薪金	一般政府员工的薪酬	经济合作与发展组织统计数据；欧洲统计局和各国数据。
利息支出额	公共债务的利息支出额	经济合作与发展组织统计数据；欧洲统计局和各国数据。
社会福利	除实物社会转移之外的社会福利	经济合作与发展组织统计数据；欧洲统计局和各国数据。
实物社会转移	通过市场生产商向家庭供应的产品的支出	经济合作与发展组织统计数据；欧洲统计局和各国数据。
公共投资	一般行政部门的资本形成总额	经济合作与发展组织统计数据；欧洲统计局和各国数据。
间接税	生产和进口税	经济合作与发展组织统计数据；欧洲统计局和各国数据。
收入所得税	现行的收入所得税和财产税等	经济合作与发展组织统计数据；欧洲统计局和各国数据。
社会贡献	一般行政部门所获得的社会性贡献	经济合作与发展组织统计数据；欧洲统计局和各国数据。

公共开支（占总开支的百分比）；*publicgkf* 为公共投资（占总开支的百分比）；*indtaxes_ rev* 为所收取的间接税（占总收入的百分比）；*incometaxes_ rev* 为所收取的收入所得税（占总收入的百分比）；*contribut_ rev* 为对社会的贡献（占总收入的百分比）。

对模型的估算

我们首先通过豪斯曼检验，根据支持这个估计量的有关结果，利用时点固定影响模型，对上述两个模型进行了估算。在评估上述两个模型时，均对不可观测的时间特征效应进行了修正，以便消除与时间有关的误差影响，同时防止“同期相关性”，而同期相关性正是个体间互相关性的最有可能的存在形式。

鉴于在处理各组数据时通常会遇到特定国家效应无法观测的情况，因此，在对模型进行估算时，还采用了个体固定效应模型。将无法观测的特定国家效应排除在外将导致估算系数的严重偏差，当上述效应与其他协变量关联起来时尤为如此。[1]

同时，还根据方差膨胀因子的回归命令对模型进行了多重共线性修正，并且利用可以获得的鲁棒选项对模型进行了异方差控制。然而，两个模型均无法依据第一个固定效应估计量通过后一个的检验。

值得注意的是，固定效应估计量所依据的是对严格外生性的假定，但此假定是一种很强的假设，通常不具现实意义，在处理财政政策变量（在处理财政政策指标时，常常遇到的问题是内生性或反向因果关系的存在）以及在使用动态指标

1　古普塔等人（2005 年）。

（即跨期内生性的存在）时尤为如此。在此类情况下，人们普遍认为，通过固定效应估算出的系数可能不具有一致性且向下偏倚。

为了解决上述指标的问题，我们通过一个广义矩（GMM）估计量，将因变量的滞后值作为工具，对两个模型实施了最终的稳健性检验。利用差分广义矩对模型 A 进行了估算（阿雷拉诺和邦德，1997 年），利用系统广义矩对模型 B 进行了估算（布伦德尔和邦德，1997 年）。广义矩估计量具有很大潜力，可以解决模型动态指标造成的内生性和序列相关的问题。在针对工具有效性（汉森检验）和序列相关性（针对误差中的序列相关性的阿雷拉诺和邦德检验）存在的检验中，两个模型均显示出了十分稳健的结果。

最后，在模型 B 中，鉴于动态形式的模型造成了异方差性和序列相关性的存在，我们采用了二步的系统广义矩估计方法。实际上，在缺乏同方差性的情况下，这种方法采用了一个对加权矩阵（从一步估计中获取残差）的相容估计，这种方法在渐进方面更加有效。事实证明，在使标准误差严重向下偏倚方面，该指标具有负面影响；这便是在解决该问题的过程中要对此二步协方差矩阵进行温德梅杰有限样本修正的原因所在。[1]

模型生成的结果

基线回归所产生的结果与实证文献相一致[2]，而且具有很高的显著水平。表 3A. 2 详细列举了上述结果。

模型 A：分析表明，在短期内及危机期间，员工薪酬和公共投资方面所造成的公共开支对就业产生了强有力的影响——上述每一项支出（占国内生产总值的百分比）每下降（上升）1%，将分别带动就业率下降（上升）0. 08% 和 0. 05%。就收入方面而言，收入所得税也明显与就业之间存在正向而十分显著的关系。

模型 B：该分析的几项发现表明，公共投资和公共部门的工资与总支出的比率在短期内及在危机期间对就业产生了正向而显著的影响。在上述两项比率中，每一项比率每增加 1 个百分点，将分别使就业率提升 0. 43% 和 0. 3%。[3]另一方面，债务负担的增加往往会对就业率产生不利影响（因为利息支出与总支出之间的比率每增加 1 个百分点，就会使就业率减少 0. 22%）。

就收入的构成要素而言，税收——间接税和直接税——与总的公共收入之间的比率在短期内与就业之间存在十分突出的反向关系。然而，在收入所得税（即直接税）与总收入之间的比率增加 1 个百分点的情况下，与间接税所产生的影响（ -0. 11%）相比，收入所得税对就业率所产生的影响（ -0. 49%）更加明显。

---

1 温德梅杰（2005 年）。

2 扩张性财政政策对增长和就业在短期内所产生的影响依然是人们所激烈争论的一项话题。然而，大量的研究（主要以发达经济体为样本）所得出的结论认为，对政府开支进行积极的变革将刺激经济和就业率的增长。如欲获取此类分析的实例，请参见阿达格纳（2001 年）；巴克斯特和金（1993 年）；法塔斯和米霍夫（2001 年）；达尔斯嘎德等人（2001 年）；贺明等人（2002 年）；路德维格松（1996 年）。古普塔等人（2005 年）特别指出，预算的构成在解释财政政策对增长的影响的过程中发挥着一定的作用——这种影响主要通过私营部门对财政政策的反应来实现。

3 这些数值对应于其效应值（公共投资和公共部门工资），即其系数（分别为 6. 3% 和 5. 2%）乘以每一个变量所指向的就业率变化量（分别为 6. 8% 和 5. 6%）。

表 3A. 2　回归结果

	就业率的自然对数值	
	模型 A	模型 B
实际国内生产总值的自然对数值的滞后	0. 093 (6. 08)***	0. 296 (2. 02)**
私人投资的自然对数值	0. 072 (4. 13)***	0. 288 (1. 85)*
公共部门工资和薪水的自然对数值（占国内生产总值的百分比）	0. 081 (3. 20)***	
利息支出的自然对数值（占国内生产总值的百分比）	-0. 042 (-8. 94)***	
社会福利的自然对数值（占国内生产总值的百分比）	0. 109 (4. 23)***	
公共投资的自然对数值（占国内生产总值的百分比）	0. 045 (8. 09)***	
间接税的自然对数值（占国内生产总值的百分比）	-0. 034 (-1. 87)*	
收入所得税的自然对数值（占国内生产总值的百分比）	0. 057 (2. 21)**	
社会贡献的自然对数值（占国内生产总值的百分比）	-0. 011 (3. 35)***	
公共部门的工资和薪金（占总支出的百分比）		0. 052 (2. 88)***
利息支出额（占总支出的百分比）		-0. 045 (-1. 83)*
社会福利（占总支出的百分比）		0. 036 (2. 04)**
实物社会转移（占总支出的百分比）		0. 137 (2. 41)**
公共投资（占总支出的百分比）		0. 063 (3. 14)***
间接税（占总收入的百分比）		-0. 032 (-1. 85)*
收入所得税（占总收入的百分比）		-0. 068 (-3. 15)***
社会贡献（占总收入的百分比）		-0. 054 (-3. 04)***
恒定值		3. 27 (2. 67)***

注：括号内为 z 统计量的绝对值。显著水平：* 为 10%；** 为 5%；*** 为 1%。

所有的变量均通过增广迪基—福勒检验和菲利普斯—佩荣检验进行了非平稳性检验。在所有计算中，对于非平稳性介于 1%—5% 水平的无效假设，检验均予以摈弃。

两个模型均针对误差的一阶和二阶序列相关性进行了检验。正如所预计的那样，模型具有一阶序列相关性而不具有二阶序列相关性。最后，根据汉森检验，所有的工具均证明有效。

参考文献

Ardagna, S. 2001. "Fiscal policy composition, public debt, and economic activity", in *Public Choice*, Vol. 109, pp. 301–325.

Arellano, M.; Bond, S. 1991. "Some tests of specification for panel data: Monte Carlo evidence and an application to employment equations", in *Review of Economic Studies*, Vol. 58, No. 2, Apr., pp. 277–297.

Baum, F.C.; Schaffer, M.E.; Stillman, S. 2003. *Instrumental variables and GMM: Estimation and testing*, Working Paper No. 454, Feb. (Boston, MA, Boston College).

Barnett, S., Brooks, R. 2010, "China: Does Government Health and Education Spending Boost Consumption?", IMF Working Paper No. 10/16.

Baxter, M.; King, R.G. 1993. "Fiscal policy in general equilibrium", in *American Economic Review*, Vol. 83, June, pp. 315–334.

Blinder, A.S; Solow, R.M. 1973. "Does fiscal policy matter?", in *Journal of Public Economics*, Vol. 2, pp. 319–337.

Blundell, R. and Bond, S. 1997. "Initial conditions and moment restrictions in dynamic panel data models", in *Journal of Econometrics*, Vol. 87, pp. 115–143.

Canzoneri, M.; Cumby, R.E.; Diba, B.T. 2005."The need for international policy coordination: What's old, what's new, what's yet to come?", in *Journal of International Economics*, Vol. 66, Issue 2, pp. 363–384.

Cecchetti G.S.; Mohanty M.S.; Zampolli F. 2010. *The future of public debt: Prospects and implication*, Working Papers No. 300 (Basel, Bank of International Settlements).

Charpe; M.; Kühn, S. 2012. "ILO friendly policies and crisis recovery: An ILO modelling assessment", mimeo, (Geneva, International Institute for Labour Studies, ILO).

Cooley, F.; Quadrini, V. 2002. "Common currencies vs. monetary independence", Working Paper (New York University).

Dalsgaard, T.; André, C.; Richardson, P. 2001. *Standard shocks in the OECD interlink model*, Economics Department Working Paper No. 306, Sep., ECO/WKP(2001)32 (OECD, Paris).

Escudero, V.; López Mourelo, E. Forthcoming. "Public debt, fiscal consolidation and the effect on employment", Discussion Paper No. 213, (International Institute for Labour Studies, ILO).

European Commission (EC); International Monetary Fund (IMF); Organisation for Economic Co-operation and Development (OECD); United Nations (UN); World Bank (WB). 2009. *System of National Accounts 2008*.

Fatás, A.; Mihov, I. 2001. "The effects of fiscal policy on consumption and employment: Theory and evidence", CEPR Discussion Paper No. 2760, Apr.

Frieden, J. 2009. "Avoiding the worst: International economic cooperation and domestic politics", *VoxEU*, 2 Feb. Available at: http://voxeu.org/index.php?q=node/2956 [7 Apr. 2012].

Gupta, S.; Clements, B.; Baldacci, E.; Mulas-Granados, C. 2005. "Fiscal policy, expenditure composition and growth in low-income countries", in *Journal of International Money and Finance*, No. 24 (Washington, DC), pp. 441–463.

Hemming, R.; Kell, M.; Mahfouz, S. 2002. "The effectiveness of fiscal policy in stimulating economic activity: A review of the literature", *IMF Working Paper*, WP/02/208, Dec. 2002 (Washington, DC).

International Institute for Labour Studies. 2010. *World of Work Report 2010: From one crisis to the next* (Geneva, International Labour Organization).

International Monetary Fund (IMF). 2001. *Government Finance Statistics Manual 2001* (Washington, DC).

—. 2011a. *World Economic Outlook: Slowing growth, rising risks*, Sep. (Washington, DC).

—. 2011b. *Public Sector Debt Statistics: Guide for compilers and users* (Washington, DC).

—. 2012. *World Economic Outlook Update: Global recovery stalls, downside risks intensify*, Jan. (Washington, DC).

Keho, Y. 2010. "Budget deficits and economic growth: Causality evidence and policy implications for WAEMU countries", in *European Journal of Economics, Finance and Administrative Sciences*, Issue 18, pp. 99–104.

Kneller, R.; Bleaney, M.F.; Gemmell, N. 1999. "Fiscal policy and growth: Evidence from OECD countries", in *Journal of Public Economics*, Vol. 74, Issue 2, pp. 171–190.

Kollmann, R. 2002. "Monetary policy rules in an interdependent world", Working Paper (University of Bonn).

Layard, R.; Nickell, S. 1986."Unemployment in Britain", in *Economica*, Vol. 53, No. 210, pp. S121–S169.

Lequiller, F.; Blades, D. 2006. *Understanding national accounts* (Paris, Organisation for Economic Co-operation and Development).

Ludvigson, S. 1996. "The macroeconomic effects of government debt in a stochastic growth model", in *Journal of Monetary Economics*, Vol. 38, Mar., pp. 25–45.

Martner, R.; Tromben, V. 2004. "La sostenibilidad de la deuda pública", in *Revista de la CEPAL*, No. 84, Dec.

Monacelli, T.; Perotti, R.; Trigari, A. 2010. "Unemployment fiscal multipliers", in *Journal of Monetary Economics*, Vol. 57, No. 5, pp. 531–553.

Oudiz, G.; Sachs, J.; Blanchard, O.; Marris, S. N.; Woo, W.T. 1984. "Macroeconomic policy coordination among the industrial economies", in *Brookings Papers on Economic Activity*, Vol. 1984, No. 1, pp. 1–75.

Pappa, E. 2002. "Do the ECB and the Fed really need to cooperate? Optimal monetary policy in a two-country world", Working Paper (London School of Economics).

—. 2009. "The effects of fiscal shocks on employment and the real wage", in *International Economic Review*, Vol. 50, No. 1, pp. 217–244.

Pauvanic, I. 2005. "Public debt sustainability in the northern countries of Latin America", in *Revista de la Cepal*, No. 87, Dec.

Presbitero, A.F. 2006. *The debt-growth nexus in poor countries: A reassessment*, Proceedings of the German Development Economics Conference, Berlin 2006, Verein für Socialpolitik, Research Committee Development Economics, No. 22. Available at: http://www.econstor.eu/handle/10419/19848 [7 Apr. 2012].

Roodman, D. 2006. *How to do xtabond2: An introduction to "Difference" and "System" GMM in Stata*, Working Paper, No. 103, Dec. (Washington, DC, Center for Global Development).

Soto, M. 2010. *System GMM estimation with small sample* (Barcelona, Instituto de Análisis Económico).

Sutherland, A. 2002."International monetary policy coordination and financial market integration", Working Paper No. 174, European Central Bank.

Tchakarov, I. 2002. "The gains from international monetary cooperation revisited", Working Paper (University of California, Davis).

Windmeijer, F. 2005. "A finite sample correction for the variance of linear two-step GMM estimators", in *Journal of Econometrics*, Vol. 126(1), pp. 25–51.

第四章
针对可持续复苏进行投资*

主要研究成果

- 在全球经济危机期间，全球投资占国内生产总值的比重下降到有史以来的最低水平，2010 年，在国内生产总值中占比为 19.8%，低于历史平均水平 3.1 个百分点。隐藏在这些数字背后的是发达经济体的大幅下降趋势以及新兴和发展中国家的投资在国内生产总值中的占比上升的趋势。但本章发现，针对小公司的投资已经受到经济危机的严重影响，这是所有区域的一个共同趋势。这种形势十分严峻，因为小公司是创造就业机会的关键动力。
- 在全球经济危机中投资损失较小的国家的失业率损失也最小。停滞不前的投资似乎阻碍了就业市场的复苏。本章的进一步分析显示，如若实际投资增加到危机前的水平，则将对就业产生重大的影响，失业率可降低近 9%。
- 重要的一点是，投资的波动更大了，从而影响到生产和就业前景的可预见性。在危机前至危机后期间，全球投资波动性上升了大约 170%，其中，发达经济体的投资波动性上升更明显。投资波动性的增加不仅影响了增加就业机会所需的经济刺激，而且限制了就业的整体质量。在投资波动性上升的同时，临时和兼职工作也呈上升趋势（如第一章所述）。
- 因此，同时解决投资水平和波动性的问题至关重要。这需要首先改善需求前景，鼓励公司投资现金资产。本章认为，需求前景已经达到了前所未有的水平，对于发达经济体和亚洲尤为如此。其次，尽快改善小公司的融资渠道。最后，本章显示，在争相进行私人投资的同时，设计周密的公共投资对改善整体投资环境具有重要作用。

引言

如第一章所述，鉴于目前的经济增长环境，就业市场复苏的前景渺茫。本章旨在：(1) 评估更高的投资水平对改善复苏前景有多大帮助；(2) 探讨能够改善投资水平的政策和因素。

---

* 佛洛里安·哈特与曼劳里·巴耶在研究方面提供了很大的帮助。

全球经济危机爆发后，全球投资活动开始减少，这是不争的事实。当然，这也不出人们所料，因为投资通常比其他需求因素的波动性更大。但是，投资步伐放缓对产能的影响是否限制了可持续发展和就业市场的复苏，对此尚无结论。

在现有经济环境下，实施旨在增强公司和家庭整体安全性（经济、政治和社会）以及降低不确定性的政策对私人投资的影响大于实施旨在影响资本成本的更宽松的政策。对此，可通过薪资政策以及更加直接的公共投资举措来保持总体需求，同时改善小公司的融资渠道，这样，在改善长期增长前景的同时，也能够对投资和就业产生直接的短期影响。

本章在第一节中概述了危机爆发前后的投资发展趋势，批判性地分析了投资短缺对就业前景的限制程度。第二节探讨了投资的传统驱动因素（如资本成本），同时介绍了当前经济环境中的其他重要因素（如企业和收入分配的不确定性）。第三节探讨了这些发现对政策的启示并强调了基于国家在解决投资所面临挑战方面所积累的经验之上的良好惯例。

第一节　全球投资和就业趋势

本节探讨了发达国家和发展中国家在危机前后的投资趋势。[1] 同时，也详细分析了投资与就业之间的联系以及在以往危机中投资对就业的促进作用。

从全球范围看，投资仍未恢复到危机前的水平……

在全球经济危机爆发之后，按照固定资本形成总额（GFCF）占国内生产总值的比例衡量的全球投资出现大幅下降，2010 年，该比值仍比危机前的水平低大约 3 个百分点（见图 4.1）。尽管最近投资出现了小幅反弹，但 2009—2010 年期间的全球平均年增长率仅为 4%。若按这个趋势发展，全球投资要到 2014 年才能恢复到危机前的水平，而发达经济体要到 2016 年才能恢复到危机前的水平。

图 4.1　2000—2010 年投资占国内生产总值的比重

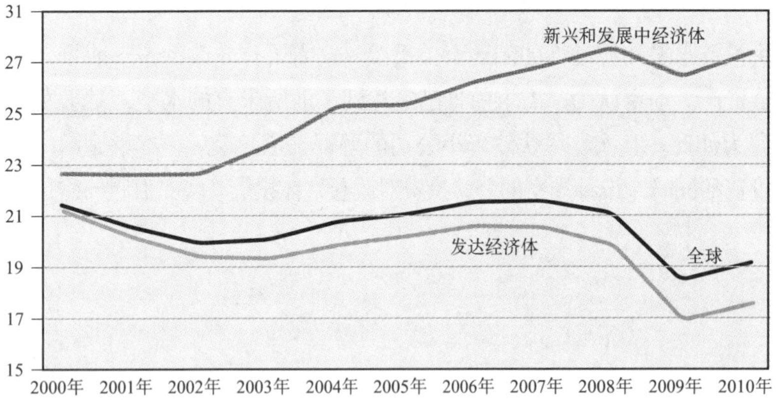

注：该图显示了固定资本形成总额占国内生产总值的比重（均按现行价格计算）。
资料来源：国际劳工研究所根据《世界发展指标》所做的估算。

1　关于按照收入水平分组的国家列表，请参见第一章附录 A。

全球趋势主要由发达经济体推动，因为发达经济体占据了全球投资的50%。在经济危机中，发达国家的资本形成出现了大幅下降，而新兴和发展中经济体下降的幅度较小，且已经恢复到危机前的投资水平。

……投资的波动性增大……

通过对比危机后的数据和危机前的历史趋势，便可更加清楚地了解自全球经济危机爆发后投资下降的严重程度。表 4.1 汇总了各地区和选定经济体的短期和长期趋势。第（1）栏给出了 1970—2010 年投资占国内生产总值比重的平均值，而第（2）栏给出了 1970—2006 年危机发生前的历史平均水平。第（7）栏为 1970—2006 年的标准偏差，反映了在正常年份投资份额围绕平均水平的变动情况（即投资的波动性）。第（8）栏显示了 2010 年的投资份额与历史平均水平的差值。

2009 年，全球投资占国内生产总值的份额下降到最低水平，仅为 19%。该趋势主要受到发达经济体的形势影响，在发达经济体中，投资占国内生产总值的份额低至 17.2%。尽管投资份额在 2010 年有所上升，但发达经济体的投资份额仍低于长期投资份额平均水平（第（8）栏）20%以上。这个数据非常令人震惊，因为在危机爆发之前，投资波动幅度仅为 7.6%。

表 4.1　1970—2010 年投资占国内生产总值的比重

	(1)	(2)	(3)	(4)	(5)	(6)	(7)	(8)
地区/国家	历史加权平均值	危机前的历史加权平均值	2007 年	2008 年	2009 年	2010 年	波动性（百分比）	当前的偏差（百分比）
全球	22.9	23.1	22.5	22.0	19.0	19.8	5.9	-14.4
发达经济体	22.3	22.7	21.3	20.5	17.2	17.9	7.6	-21.0
新兴经济体	26.5	26.2	28.4	29.7	28.0	29.5	5.8	12.4
发展中地区								
东亚和太平洋地区	33.8	33.2	36.5	38.5	40.7	41.5	11.8	24.9
拉丁美洲和加勒比地区	21.2	21.1	22.3	23.5	20.1	21.7	10.2	2.9
中东和北美地区	26.4	26.3	28.3	无	无	无	10.6	无
撒哈拉以南非洲地区	20.6	20.4	21.1	22.0	20.8	23.7	17.2	15.8
中国	37.0	36.1	41.7	44.0	48.2	47.8	13.0	32.5
日本	29.0	29.7	23.7	23.6	20.2	20.2	14.4	-31.9
欧盟	21.7	21.9	21.6	21.0	17.9	18.5	9.9	-15.8
美国	19.0	19.3	19.1	17.4	13.9	15.1	7.3	-22.0

注：历史时期指 1970—2010 年；危机前历史平均水平是指 1970—2006 年的平均水平。波动性是指与 1970—2006 年历史平均水平的标准偏差。当前的偏差是指 2010 年投资份额与危机前平均水平的偏差，表明偏差是正数或负数。

资料来源：国际劳工研究所根据国际货币基金组织《世界经济展望》数据库以及《世界发展指标》所做的估算。

图 4.2　投资波动性在 2006—2011 年与 1995—2005 年两个时期的变化

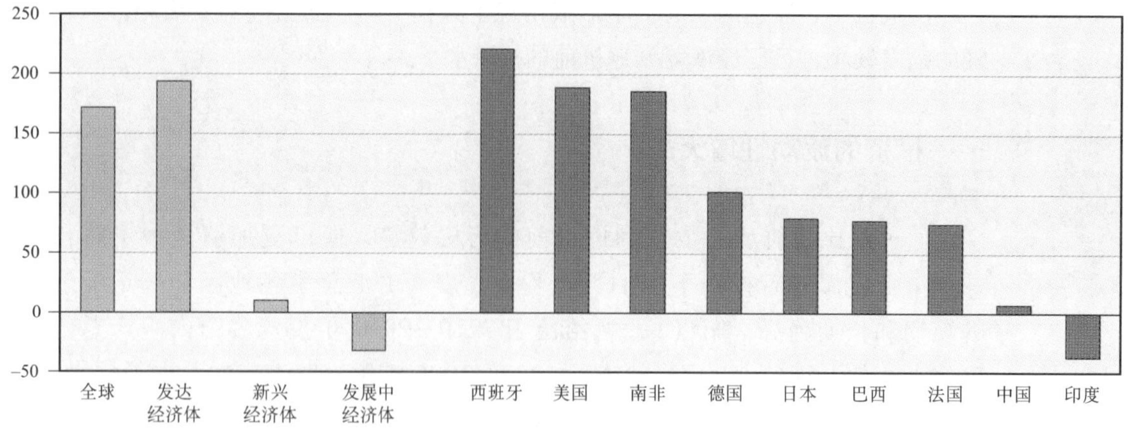

注：波动性的变化以这两个时期标准偏差的百分比变化衡量。

资料来源：国际劳工研究所根据 2012 年《世界发展指标》所做的估算。

新兴和发展中经济体 2010 年的投资份额超过了长期平均水平。新兴经济体的投资份额超过长期平均水平 12.4%，而在发展中地区，东亚和太平洋地区的投资份额超过长期平均水平 24.9%，拉丁美洲和加勒比地区仅超过 2.9%。在东亚，投资的多数增长源于中国。2010 年，中国的投资份额超过长期平均水平 32.5%，表明了金融危机后中国投资资源的灵活性。

此外，发展中地区投资份额的长期波动性远远高于新兴或发达经济体。例如，东亚和太平洋地区以及撒哈拉以南非洲地区的波动性特别高，分别高达 11.8% 和 17.2%。发展中经济体的历史投资波动性较高，这主要由诸多因素导致，包括贸易和资本市场开放程度的增加、自 20 世纪 70 年代出现的经济衰退频率和程度以及金融化程度的上升（联合国经济社会事务部，2008 年）。

自全球经济危机爆发以来，发达和新兴经济体的投资波动性高于发展中经济体。在危机前后，全球投资波动性大约上升了 170%，其中，发达经济体投资波动性上升 193%，新兴经济体上升 10%（见图 4.2）。而发展中经济体的投资波动性下降 32%。发达经济体的发展前景减弱，加之风险和不确定性意识增强，已经破坏了公司和企业作出投资决策（特别是关于生产性投资的决策）时所需的稳定经济环境。的确，在经济萧条时，风险意识对公司投资和就业的不利影响比经济扩张时更为明显（巴格特和奥布勒加，2011 年）。

……因此，就业岗位质量受到影响。

宏观经济的不确定性加大以及投资水平下降且波动性上升（针对发达经济体），不仅仅影响了增加就业机会所需的经济刺激，而且限制了就业机会的整体质量，其中尤其值得关注的原因是，部分公司需要更灵活的雇佣和解雇方式作为缓冲措施，以应对经济活动总体水平无法预料的大变动（参见第二章；联合国经济社会事务部，2008 年）。这个不断恶化的劳动力市场趋势体现在临时和兼职工作比例上升，这与危机爆发后投资波动性的上升存在紧密联系（见图 4.3）。

图 4.3　与就业岗位质量下降相关的投资波动性上升

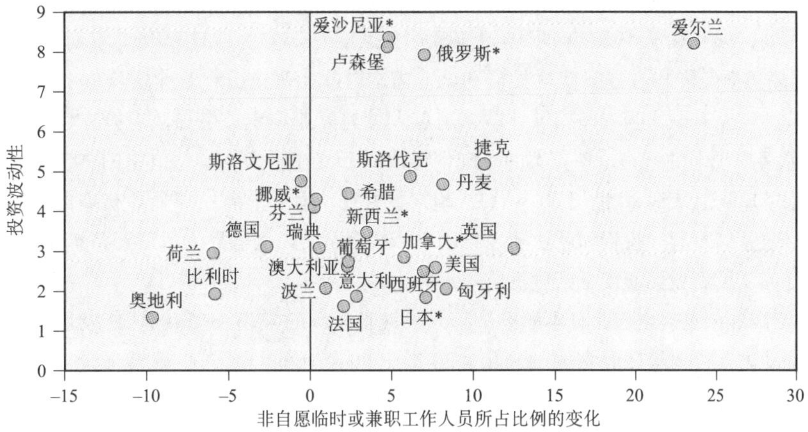

注：2006 年第一季度至 2011 年第三季度的波动性以标准偏差计算。星号（*）表示 2006—2010 年非自愿兼职工作占总兼职工作的比例；所有其他指标均为同期非自愿临时工作占所有临时工作的比例。

资料来源：国际劳工研究所根据经济合作与发展组织数据库所做的估算。

在以往的经济危机中，投资复苏往往能够带动就业市场复苏……

在以往的经济危机中，投资和就业的发展模式具有惊人的相似性，就业发展稍微滞后于投资复苏。在美国 1929—1940 年的经济大萧条中，投资经过 12 年的时间才恢复到危机前的水平，而就业市场则经过了 14 年才得以复苏（见图 4.4，第一组）。自日本资产泡沫破裂之后（自 1990 年），其投资和就业市场经过 20 年时间仍未恢复到危机前的水平（见图 4.4，第二组）。

值得注意的是，在美国经济大萧条和日本资产泡沫破裂时，投资和就业在 5 年或 6 年内最早出现转折点；但是，复苏的时间受到刺激计划的实施力度以及采取财政紧缩措施之前刺激计划实施时间的影响（见专栏 4.1）。目前，在全球经济危机的第二个阶段，虽然经济合作与发展组织经济体的投资率下降严重，但下降幅度仍小于大萧条时同个 5 年期的下降幅度。但是，这与日本资产泡沫破裂有点类似，这提醒人们，尽管投资正在好转，但过早采取财政紧缩措施可能阻碍复苏，导致经济缓慢而持续的下降（见图 4.4，第三组）。

……这与现有经济危机的投资—就业模式一致。

图 4.5 对比了 2007—2010 年选定经济体的投资损失与就业损失。该图显示，投资占国内生产总值份额下降幅度小的国家拥有最高的就业率。

东欧经济体的投资下降幅度大，与此同时，其失业率也出现了上升。相反，巴西、中国和菲律宾在全球经济危机中仍保持较好的就业情况，且通过管理提高投资占国内生产总值的份额。2007—2010 年，在巴西，投资占国内生产总值的份额上升 0.9 个百分点，中国上升 6.4 个百分点，菲律宾上升 3.6 个百分点；巴西的失业率下降了 2.6 个百分点，中国和菲律宾几乎持平。在上述情况下，公共基础设施投资均是总投资中的重要组成部分。例如，2007—2010 年，巴西花费 6574 亿雷亚尔投资公共基础设施发展，公共投资也是中国和菲律宾在危机之前的主要发展推动力之一（布鲁克斯、郭，2011 年；传，2007 年；孙、圣安德烈斯，2009 年）。

专栏 4.1　两次经济危机的故事

在大萧条时期，失业率从 1929 年的 4% 上升到 1933 年的 25%。1932—1937 年期间，“新政”形式的凯恩斯经济刺激方案使得投资和就业需求首次出现上升。这个方案包括为失业人员提供公共就业岗位、为农民提供补贴、制定大量的商业规定、增加政府开支以及扩大《社会保障法》项下的权力。该方案的实施使得政府开支在国内生产总值中的占比从 20 世纪 20 年代的 12% 上升到 20 世纪 30 年代的 20%。但是，为了平衡经济复苏初期的预算，必须实施财政紧缩政策，投资和就业随之急剧下降。直至第二次世界大战后经济扩张，经济发展最终复苏，投资和就业恢复到危机前的水平。

自 1990 年资产泡沫破裂之后，日本的经济陷入长期且持续的“增长型衰退”，发展的趋势无法增加劳动力及资本等闲置资源的利用。20 世纪 90 年代的一系列小规模刺激计划（包括公路和桥梁的公共投资）有助于减少投资下降和就业损失（克鲁格曼，2008 年）（见图 4.4，第二组）。但是，1997 年，为了解决日益扩大的赤字而采取的加税政策在它站稳脚跟之前便扼杀了经济复苏的苗头。

尽管 1998 年政府实施一个重要的公共工程计划，金额达到 6.7 万亿日元（即 582 亿美元），但影响比较短暂。直至 2003 年，投资和就业才稳定下来（这得益于向美国、中国和其他新兴经济体的出口反弹）。然而，全球经济危机阻碍了这个发展的趋势，投资和就业再次下滑。实际上，投资份额和就业率仍未恢复到 1990 年危机前的水平，不断变化的人口统计数据以及下降的生产力使得政策应对更加困难。

图 4.4　以往经济危机时投资和就业复苏所需的时间

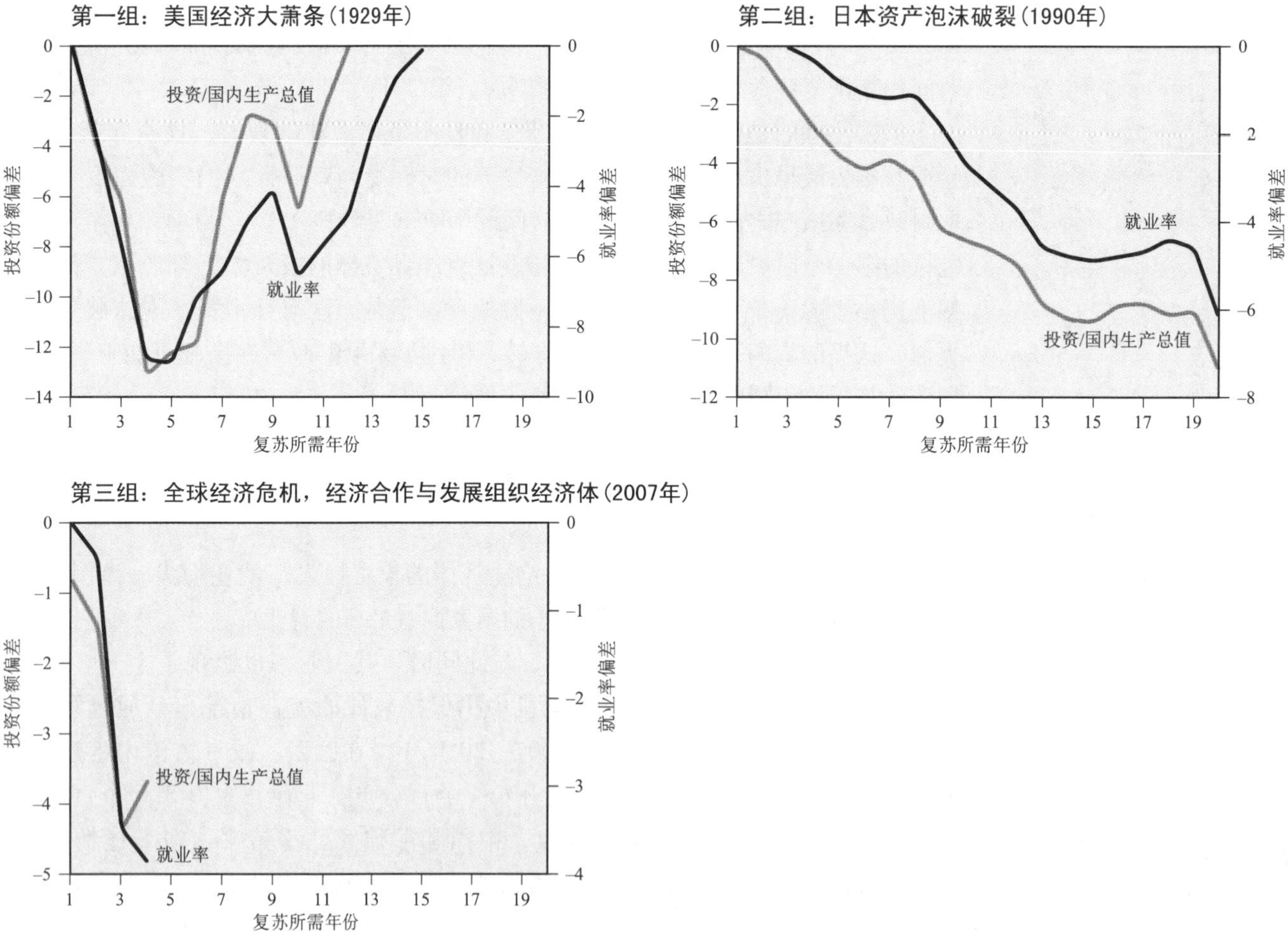

资料来源：国际劳工研究所根据美国经济研究局宏观历史数据库、世界银行《世界发展指标》、联合国统计司、各国家统计局、各国官方公布数据以及经济合作与发展组织数据库所做的估算。

图 4.5　2007—2010 年选定经济体的就业和投资变化（以百分比表示）

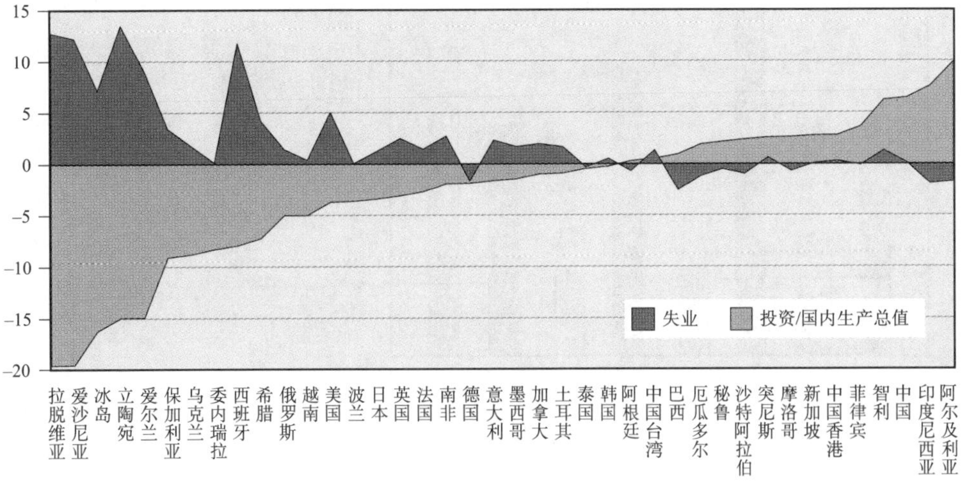

注：该图显示了 2007—2010 年投资占国内生产总值份额及失业率的变化（以百分比表示）。轴上方的图案表示投资和就业的收益，而轴下方的图案表示损失。

资料来源：国际劳工研究所根据国际货币基金组织《世界经济展望》数据库所做的估算。

政策模拟进一步表明，如若高收入经济体将投资增加到危机前的水平，便能够增加大量的就业机会（见本章附录 A）。上一节中的数据显示，高收入国家要将实际投资平均增加 20% 才能回到危机前的投资水平。通过参考美国（实际投资的外源性增加幅度只有达到约 17.8% 才能恢复到危机前的水平）的情况，可计算出对失业的影响。模拟显示，直接增加实际投资对就业具有重大影响，可使目前的失业率下降 8.9%。

第二节　投资增长的动力

小型企业的投资受危机的打击尤为严重。

在危机爆发前，上市中小型企业的投资年平均增长率高于大型公司的投资。[1] 2001—2006 年，在美国、欧洲和亚洲，小型企业投资年增长率至少是大型企业的 2 倍，而美国和欧洲的中型企业投资增长率大约比大型企业高 40%（见图 4.6）。小型企业强劲的投资增长趋势有助于提升企业创造就业机会的能力，因为在许多经济体，中小型企业（SME）提供了大量的就业机会。例如，在美国，大约有 2/3 的就业岗位是由员工少于 5000 人的企业提供的（美国人口普查局，2012 年）。

但是，全球经济危机爆发之后（2007—2010 年），小型企业的投资受到的影响大于大型企业（见图 4.7）。2007—2010 年，欧洲的小型企业年平均投资增长率下滑 16%，而大型企业则上升 0.3%。在美国，小型企业的年投资增长率下降 6%，而同期大型企业的投资增长率下降 3.2%。

1　按员工数量（样本中）划分，小型企业属于最低三分位组，大型企业属于较高三分位组，剩下为中型企业。该计算是按地区进行的，因此不同区域的企业绝对规模不同。

图 4.6　2001—2006 年投资年平均增长率（按公司规模划分）

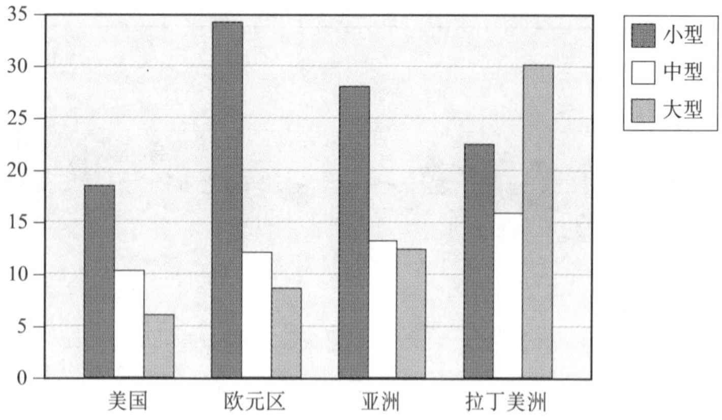

资料来源：国际劳工研究所根据 FactSet 研究系统公司所做的估算。

图 4.7　2007—2010 年投资年平均增长率（按公司规模划分）

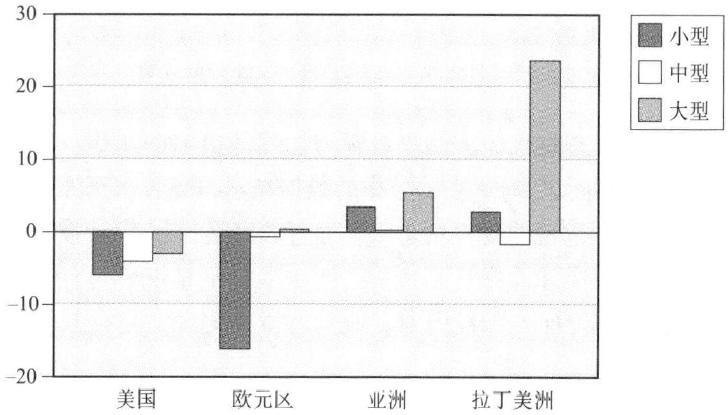

资料来源：国际劳工研究所根据 FactSet 研究系统公司所做的估算。

同样，在亚洲和拉丁美洲，中小型企业投资受经济危机的不利影响较大，其投资增长率下降大约 20%，几乎是大型企业的 3 倍。在亚洲，危机爆发前，小型企业的投资年平均增长率为 22.0%，在危机爆发后则下降至 3.4%。在拉丁美洲，投资年平均增长率从 22.5% 下降到 2.8%。上述两个地区的大型企业在危机中表现出的适应能力远远超过小型企业，亚洲和拉丁美洲的大型企业投资年平均增长率下降大约 7%。

公司的现金持有量达到有史以来的最高值。

公司持有大量的流动资产（金额达到前所未有的高水平），这表明公司不愿冒更多的投资风险。研究发现，一般而言，融资受限的企业倾向于持有超额的现金，以确保企业在不利的经济时期及外部融资渠道不稳定的时期能够长期生存（鲍姆等人，2004 年）。这种行为导致企业放弃可获得高额回报的投资机会。

这种情况对小型企业而言尤为严峻，因为与大型企业相比，小型企业刚刚起步，风险更大而且获得资金渠道所受的限制较多（比杰利、桑切斯·维达尔，2011 年；韩、邱，2007 年）。一般来说，在美国和亚洲，与中型企业相比，大型企业持有的流动资产占总资产的比例较小（图 4.8）。全球经济危机爆发之后，亚洲现金持有量显著增加，各规模的企业投资随之大量减少。在美国，中型企业的

图 4.8　2001—2010 年现金持有量和投资占总资产的百分比（按企业规模划分）

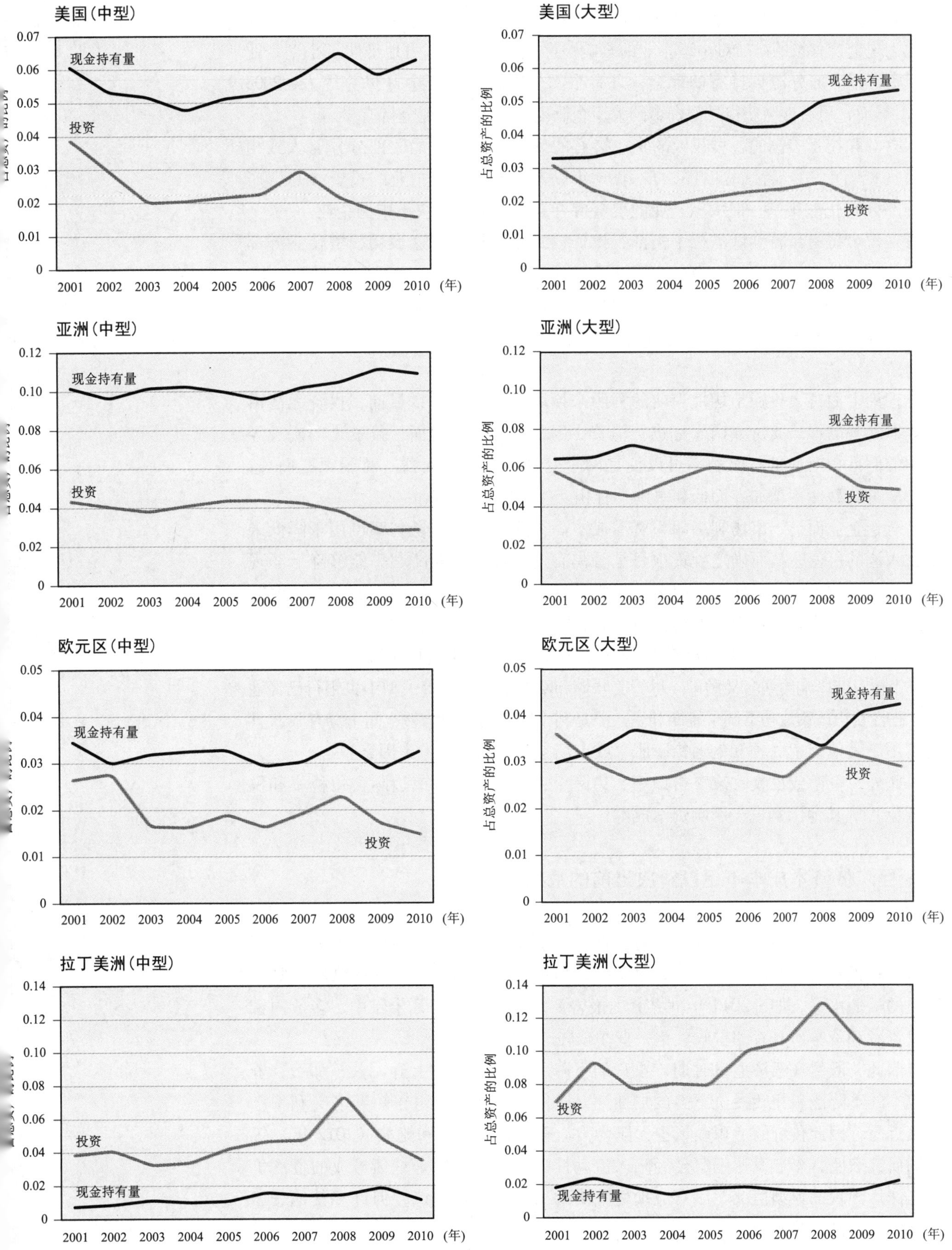

资料来源：国际劳工研究所根据 FactSet 研究系统公司所做的估算。

现金持有量占总资产的比例从2006年的5.2%上升到危机爆发后的6.2%；而对于大型企业而言，该比例从2006年的4.2%上升到2010年的5.3%。此外，与大型企业相比，现金持有量的增加对小型企业的影响更严重，这更加有力地证明了小型企业的投资资金大部分源自持有的现金，只有小部分来自外部资金（贝克等人，2008年）。然而，更有能力获得外部资金的大型企业也大大增加了现金持有量。

欧洲和拉丁美洲的各种规模的企业持有的现金（总资产的一部分）是大致相同的（见图4.9）。特别是欧洲，自2008年以来，虽然大型企业的投资（总资产的一部分）仍然很高，但大型企业的现金持有量的增加速度快于中型企业。

在现金持有量特别低的拉丁美洲，投资模式较不稳定，这表明投资使用外部资金的比例较大。然而，中型企业的投资（总资产的一部分）远远少于大型企业。

一般来说，较低的资本成本能够促进投资增长……

理论上而言，投资是牺牲当前的资源来换取未来的利益；目前，投资无法由企业以红利的形式支付或由家庭进行消费。因此，在经济层面，投资是与宏观经济中的储蓄相对应的，而利率可以说是两个变量之间的均衡器。对于家庭而言，高利率可刺激储蓄增加，而低利率则具有相反的作用。

对于企业而言，市场利率即为资本成本。在这方面，市场利率可用于降低未来收入流的价值，从而确定投资项目是否具有正净现值。提高利率能够降低净现值，从而导致投资项目减少。利率下调则能够提高净现值，从而使投资项目增加。因此，利率是决策者刺激私人投资的传统工具。

但是，通过下调利率刺激投资的机制相当复杂。资本成本由长期的实际利率决定。中央银行只能影响短期名义利率。尽管美联储和欧洲中央银行等大型中央银行已经通过扩张性货币政策成功下调了短期利率，但是利率期限结构的调整空间十分有限，且会作用于其他因素（预知的通货膨胀率或市场参与者的风险考虑因素）。

此外，税率或税收政策（折旧率、边际个人所得税税率或边际公司税率和税收抵免）等其他因素也会影响资本成本。

……但降低资本成本不足以解决当前的危机。

在当前的经济环境下，特别是对于发达经济体，投资增长的传统动力似乎不足以解释投资的大幅度下滑。在许多国家，如英国和美国，名义利率已经下降到历史的最低水平，如《2011年世界劳工报告》所示，在过去几十年中，多数国家的投资者和资本所有者的税收负担一直在减轻。

因此，既然在经济危机时期，投资的下降与资本成本的上升无关，那么，资本成本的下降能否扭转投资下降的局面还是个问题。此外，由于短期名义利率已经接近零，因此传统的货币政策也无能为力。确实，麦卡利和鲍兹（2012年）等人的研究表明，多数发达国家已经陷入流动性陷阱当中，这是举债形成的资产价格泡沫后出现的典型情况。尽管流动性陷阱的出现仍存在争议，但许多其他著名经济学家也同意这个观点。[1]

1　参见：埃文斯（2010年）、克鲁格曼（2011年）和德隆（2012年）。

专栏4.2　增长和分配

在就业严重不足的经济体中，如若资本和劳动力无法得到充分利用，则工资上涨会对经济活动造成巨大的影响。商品市场总需求的上升或下降取决于工资（通过政策诱导）发生变化时，储蓄和投资决策之间的相互作用。同时，总需求的任何变化都会反映在经济体的收入分配上，并影响工资（取决于劳动力的议价能力以及生产力分配）。商品市场和收入分配经过这些调整之后，经济体的产量和工资将达成一个新的平衡。

若（平衡）产量扩张而工资出现初步下降，则经济体属于利润驱动型经济体；若产量收缩，则该经济体属于工资驱动型经济体（参见布哈杜里、马格林，1990年）。贝尔萨和李（2011年）强调，工资驱动型增长与投资是否属于工资驱动型存在重要的联系。若工资上涨导致投资增加，则作为总需求一部分的投资便属于工资驱动型。作者提出两种重要渠道来解释为什么投资是工资驱动型的。首先，通过投资功能的标准加速器效应，需求是否受到工资的有力驱动。其次，若生产力是工资驱动型的，而投资受到生产力发展的影响，则工资上涨，投资也会上涨。

总需求、产能利用率及分配计划的不同组合使得经济体对收入分配的政策诱导变化产生不同的作用。若产能利用率较低且工资周期性波动导致产生非线性分配计划，则经济体一般属于工资驱动型（参见尼基福罗斯、弗利，2011年）。

图4.9　1990—2011年投资不确定性、平均值和标准偏差

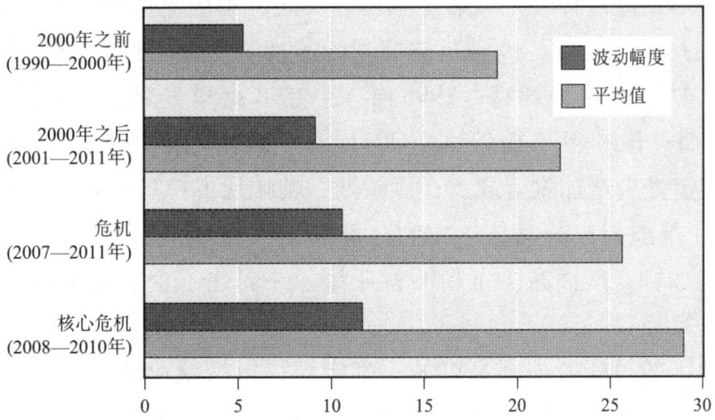

注：投资不确定性以隐含波动率表示。平均不确定性通过芝加哥期权交易所的日波动率指数衡量。不确定性的波动幅度，即在考虑的时期内，投资者情绪的变动情况，采用季度数据的标准偏差衡量。

资料来源：国际劳工研究所根据芝加哥期权交易所的数据所做的估算。

在这样的情况下，税率和利率政策的潜力有限，只能在投资复苏的政策中发挥补充性作用。收入分配和不确定性等其他因素可能具有更显著的作用。

收入分配的改变会限制投资的增长。

为什么投资仍未复苏？为了更好地理解这个问题，其中一项重要的考量因素在于储蓄和投资决策之间潜在的不匹配性。家庭储蓄不会自动流向企业的生产性投资。投资是由企业（或企业家）决定的，而储蓄是由家庭决定的。经济体中不同的参与者在作出投资和储蓄决策时会受到收入分配的影响（卡莱茨基，1971年）。

日益严重的收入差距可导致计划性储蓄相对于投资大幅增加，从而需要不断寻找增加总需求的来源。[1] 若政府和家庭进行储蓄的意愿高于企业和企业家投资的意愿，经济体便陷入投资增长受到限制的态势。只有投资增加才有可能提高储蓄和收入，否则人们希望的高储蓄与受限制的投资之间的不协调只能通过减少产量来解决。因此，私人家庭和政府不能同时试图增加储蓄，特别是所有国家不能同时这么做。

凯恩斯主义传统经济学文献早已关注到收入分配与经济增长之间的联系。功能性收入分配（即劳动力与资本之间的收入分配）可作为投资、就业和总体表现的关键决定因素。实际上，工资上涨可导致产量扩张和投资增加，最终导致资本增长加快。但是，如《2011 年世界劳工报告》所示，在过去几十年里，多数国家的利润份额一直在上升，而其对应的工资却在下降，因此收入分配从劳动力领域转移到了资本领域。在探讨工资对经济增长的影响中，主要依据工资驱动型和利润驱动型经济体的背景（见专栏 4. 2）。

全球经济的不确定性抑制了投资和就业……

阻碍投资活动的另一个主要因素是经济和政治的不确定性，这可对就业产生重要影响。[2] 例如，贝克等人（2012 年）认为，在美国，政策不确定性的上升预示着一个季度内私人投资下降 16%，并导致两年内减少 230 万个就业岗位。

高度不确定性使得企业推迟作出投资和就业决策。若许多企业推迟投资或雇佣活动，则作为一个整体的经济体将陷入衰退状态。反之，不确定性程度下降后，企业再次开始雇佣员工并进行投资，以满足被抑制的需求。不确定性阻碍经济活动的机制错综复杂（参见莱希、怀特，1996 年）。吉尔克里斯特、威廉斯姆（2005 年）、费尔南德斯—比利亚韦德等人（2011 年）以及帕斯特、韦洛内西（2011 年）发现，不确定性会增加融资成本；潘欧斯、帕帕尼古拉乌（即将出版）发现，风险规避管理日益加强；德马佐、尤利（2006 年）和纳瑞塔（2011 年）发现，金融机构的问题加剧，从而减少了新旧就业量，并弱化了企业与金融机构之间的关系。

如前所述，许多地区的投资者面临高度的不确定性，包括就业增加、劳动力监管和财政紧缩。如上一节所述，尽管利率大幅度下调，且采用了其他措施来恢复私人投资，但投资率仍无法上升。确实，在过去几十年里，特别是在危机期间，不确定性明显上升。不确定性的一般衡量标准是芝加哥期权交易所（CBOE）颁布的波动率指数（VIX）（见专栏 4. 3）。

图 4. 9 显示了 1990—2011 年（21 年）VIX 的平均值。总体而言，在过去 20 年内，不单单该指数的平均值上升，波动幅度也提高了。1990—2000 年期间，指数的平均值为 18. 9，表明投资者预计资产价格每年波动 19%。同期，投资者情绪平均出现 5% 的变化。2001—2011 年，指数平均值上升到 22. 3，波动幅度为 9. 2 个百分点。指数平均值的上升主要是因为在核心危机时期（2008—2010 年），不确定性平均值上升到 29. 0，指数波动幅度高达 11. 6 个百分点。

---

1 增加国内投资需求是消除这个差距的一个可选方案。其他选择方案包括净出口或增加低收入家庭负债消费。后者已经被视为次贷危机的原因之一。

2 参见：布鲁姆（2009 年），其展示了不确定性是如何影响投资和雇佣行为的动态。

专栏 4.3　不确定性的衡量和波动率指数

芝加哥期权交易所（CBOE）的波动率指数（VIX）是衡量标普 500 指数期权近期隐含波动性的标准。换句话说，该指数（以百分点表示）计算并给出了每日市场参与者预期的波动水平（或隐含波动率）的一般指标。该指数表示资产价格的预期年度偏差，以百分比表示。例如，VIX 等于 15，表示投资者预计未来 30 天资产价格年度波动幅度为 15%。现在，VIX 被视为全球投资者情绪以及市场波动性的最重要晴雨表。金融市场参与者也将 VIX 比喻为“恐惧指数”。该指数在全球经济危机中出现显著上升，高达 60%。

要识别和衡量不确定性的具体来源十分困难。通过使用期权价格的隐含波动率，VIX 是可行的，能够量化金融市场投资者预期的不确定性。而 VIX 的不足之处在于，它不仅涉及实际经济体（如单纯的商业风险）中的预期不确定性，还包括金融市场中可能由泡沫或狂热引起的预期波动。此外，金融市场投资者对不确定性的认知可能不同于企业家。贝克等人（2012 年，其重点研究与政策相关的不确定性）或巴赫曼等人（2011 年，其根据德国和美国的商业调查数据构建不确定性的几个衡量标准）已经建议采用经济不确定性和经济政策不确定性的其他衡量标准。

……不确定性的降低能够促进投资增长并降低失业率。

为了评估不确定性对投资和就业情况的影响，以向量自回归（VAR）模型形式的计量经济学模型被用于量化就业和投资对不确定性水平变化的反应（参见本章附录 A）。

政策实验显示的是，采用外生性措施将不确定性降低到危机前（2002—2007 年）的 VIX 水平（19%）之后，实际投资增长和失业将出现什么变化。上述降幅将使目前的不确定性下降 37%，从而在两到三个季度内使实际投资增长大约 23%。目前的失业率对此的反应可能会稍微滞后，在不确定性初步下降后，在两到六个季度内，失业率下降大约 9.5%。根据 2011 年第四季度发达国家的失业人数，降低全球不确定性可使发达国家的失业人数在 18 个月内减少 370 万人。[1] 因此，就业缺口（全球大约5000 万人，参见第一章）能够消除约 7.5%（图 4.10）。为了降低不确定性，决策者可采取的具体步骤如第三节所述。

图 4.10　不确定性的降低对投资和就业的影响

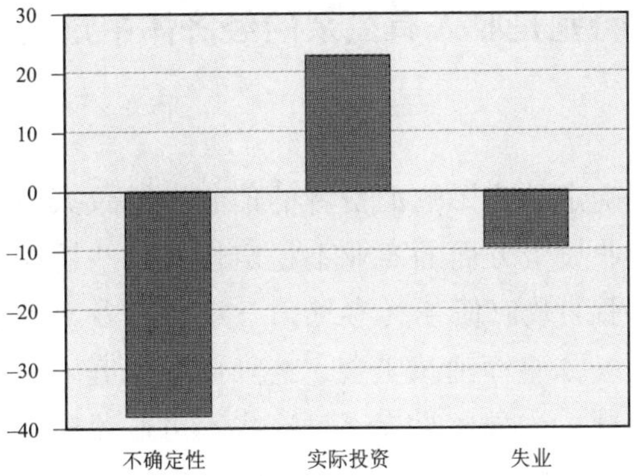

注：该图显示了不确定性在降低之后，投资和失业的累积反应。该模拟是建立在动态方程式系统基础之上的，其中该系统是通过二阶向量自动回归（参见本章附录 A）估算得出的。估算系统随后必然会受到外生冲击（将不确定性降低 37%，回到危机前的水平）的影响。对累积脉冲反应函数进行计算，结果表明，实际投资和就业在冲击后 6 个季度内出现总体性增长。

资料来源：国际劳工研究所的估算。

1　2011 年第四季度，发达经济体大约 3900 万人失业。下列 27 个发达国家构成一组：澳大利亚、奥地利、比利时、加拿大、捷克、丹麦、芬兰、法国、德国、匈牙利、爱尔兰、意大利、日本、卢森堡、荷兰、新西兰、挪威、波兰、葡萄牙、韩国、斯洛伐克、斯洛文尼亚、西班牙、瑞典、瑞士、英国和美国。

第三节　政策因素

如第一节和第二节所示，目前的高度不确定性影响了私营部门的投资，从而使许多企业（特别是发达经济体的企业）倾向于持有现金，以做好自己的资产负债管理。若产品需求（或劳动成本）的未来增长存在高度不确定性，则解决流动性选择可能需要付出很大的代价。

投资对货币刺激措施没有效果时，可采取其他鼓励私人投资的措施，比如改善融资受限的企业获得贷款的渠道、奖励商业投资以及支持增加国内个人消费的政策。此外，政府直接投资（特别是以基础设施发展的形式）已经显示出对个人投资显著和长远的影响。因此，上述措施对生产力以及就业的影响表明，增加财政支出的措施是正确的。

为了鼓励可提供丰富就业岗位的投资活动，首先应为中小型企业提供更好的融资条件……

从投资者的角度来看，经济不确定性主要源于投资的融资条件。经济危机使投资所需的债务融资机会减少，特别是中小型企业。第一节显示，与较易获得外部资金的大型企业相比，中小型企业的投资活动受到比例不等的影响。因此，对改善投资而言，为中小型企业提供充分融资选择十分关键。近几年，许多中央银行已经为私人银行注入了大量的流动性，但这些流动性针对的是与私营部门贷款截然相反的超额准备金。大体上，银行已经增加了它们的政府债务融资，但是，在受危机重创的国家，中小型企业要获得信贷支持是很困难的。在信贷由私人商业银行配给时，通过公共银行或合作获得直接商业投资也是一种选择。[1]

……其次，消除过大的收入差距，特别是收入有盈余的经济体中过大的收入差距……

对未来就业和劳动收入替代品的不确定性会影响消费者的信心，导致家庭增加预防性储蓄，从而不可避免地提高企业投资方面的商业不稳定性。某些旨在削减赤字的政策在这方面有悖常理。高水平的政府债务（参见第三章）以及对外贸易差额呈负数的许多国家试图通过政策（如全面削减工资，这降低了家庭未来收入的安全性和政府未来消费）在短期内减少内外贸易赤字，这将不可避免地提高企业的不确定性。因此，政府面临的挑战是采用更加谨慎的方法来为复苏提供更加可行的道路并鼓励投资。这也将有助于降低近几年许多国家出现的社会动荡风险（参见第一章）。社会凝聚力的不确定性会导致经济不确定性。决策者可实施旨在推动就业和解决日益严重的不平等问题的政策，从而降低社会动荡风险。

1　上述政府活动的成功范例包括工商金融公司（ICFC），事件发生的时间是 1945 年，英格兰银行消除了银行无法填补的融资缺口；欧洲投资银行（EIB）启动的贷款计划（为中小型企业投资进行融资）。

本章第一节已经探讨了公共投资在以往经济危机（如美国的经济大萧条和日本的资产泡沫破裂）中对促进增长的重要作用。在两种情况下，均为通过大规模的财政刺激开始实现复苏，但由于担心财政赤字日益增长，因此复苏过早夭折。尽管欧洲的债务情况限制了许多经济体为增加的财政支出融资的选择，公共借贷仍使得部分经济体为增加赤字支撑的支出提供了更大的空间。

通过利用财政支出“J曲线”方法，我们可以发现，在资本市场中具有低融资成本渠道的经济体能够保持或加强赤字支撑的财政刺激措施。[1]“J”是指财政平衡曲线的形状，在后续进行大力改善之前，赤字支撑的支出将首先出现恶化。根据这个方法，在赤字经过2年或3年的不断扩大之后，由于就业率上升以及国内生产总值增长，政府收入将会上升。复苏站稳脚跟之后，逐渐贯彻紧缩措施，降低公债占国内生产总值的比例。

基础设施投资对私人投资的刺激作用最大，因为它的有效性不受商业周期条件影响。国际劳工研究所全球经济链接（GEL）模型的模拟显示了公共投资（基础设施投资）对私人投资的影响，如图4.11所示。大量公共资本的存在对企业的生产具有积极的外部影响，这是因为公共投资对企业来说是免费的投入，可以提高生产力。公共投资占国内生产总值的比例提高1%，2012年第四季度私人投资便可增加0.2个百分点，在2014年第二季度达到峰值。之后，私人投资支出在2015年年底开始减少。

同样，投资补贴降低了资本累积的成本，也能刺激私人投资。所述投资补贴的好处是，它能够直接影响投资决策。投资补贴上升2%之后，私人投资最高可增长0.5个百分点。

图4.11 公共支出促进私人投资

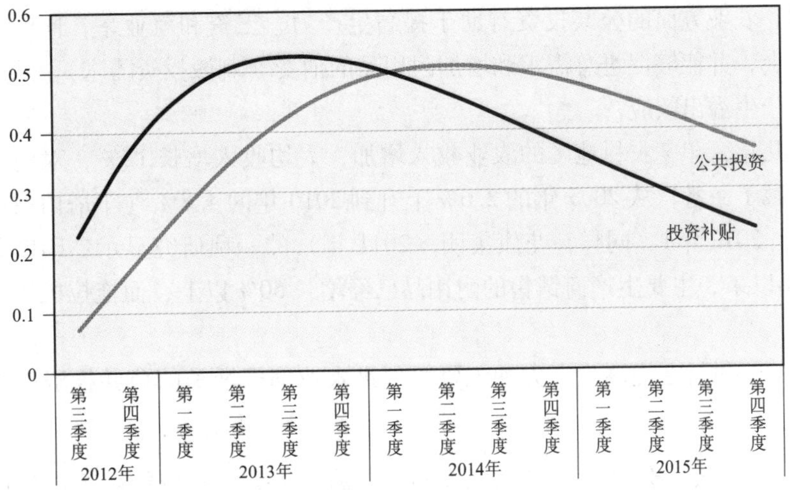

注：该图显示了两种情况下私人投资的反应。在第一种情况下，公共干预措施是将公共投资占国内生产总值的比例上调1%。在第二种情况下，公共干预措施是将私人投资补贴占国内生产总值的比例提高2%。这些政策预计在2012年中期发挥作用，在2015年年底对政策的效果进行衡量。

资料来源：国际劳工研究所GEL模型。

1　参见联合国经济与社会事务部（2012年）。

但是，公共投资的好处是在这个领域的项目能够提供就业机会且具有长期效益，如宽带电信网络，有助于缓和基础设施的发展瓶颈。此外，发展中经济体的农村经济在整个经济体中的比重很大，农业投资具有提高生产力、工资和就业的作用。

……如信息和通信技术基础设施的公共投资……

改善电信网络对基础设施发展以及整体经济发展具有重要的作用。因此，许多发达经济体采取行动，改善2008/2009年最初经济刺激方案中的电信基础设施。例如，澳大利亚的电信基础设施投资占计划总经济成本的10%（羌，2010年）。尽管这种电信投资（旨在提高建设速度的固定线路和新一代无线网络）对发达国家和增长中国家来说均是长期发展和增长策略的一个重要部分，但在短期内，这种投资能够创造就业机会，提高经济体中其他行业的生产力和投资。该策略同样具有较高的成本效益，因为大部分投资最终由私营部门融资（同上）。

对美国的情况进行的估计显示，由于网络的作用，宽带基础设施50亿美元公共投资刺激能够创造10万个直接工作岗位和250万个间接工作岗位（美国电信工会，2008年）。

关于融资，政府可能会向私人运营商提供最初的种子资金或信用额度，从这个意义上说，宽带基础设施投资近似自筹投资。例如，澳大利亚和韩国政府分别负责筹集总投资成本11%和4%的资金，剩下的由私营部门负责（羌，2010年）。此外，对于发展中经济体，宽带基础设施投资也是外国直接投资（FDI）的主要来源，发展中和新兴经济体吸引了全球1080亿美元的外国直接投资作为宽带投资（联合国贸易和发展会议，2008年）。

……以及农业和农村地区的公共投资。

事实证明，农业方面的公共投资有助于提高生产力、工资和就业率，同时能够提供就业机会，并能够促进总需求和增加耐用品的消费（刺激投资需求），从而对非农业部门产生溢出效应。

例如，近几年，印度农村地区的农业收入增加，人均收入增长12%，对耐用品的需求几乎翻了一番，从2005年的2.6%上升到2010年的4.8%（丰塔内拉—克汗，拉蒙特，2012年）。同样，花旗集团（2011年）的一项研究显示，印度北方邦自2006年以来，主要生产商销售的耐用品已经增长50%以上，而拖拉机销售量增长30%。

下列实例可提供旨在提高生产力和工资且促进农业部门增长的公共投资政策措施：

- 基础设施公共投资：公共设施（灌溉设施、道路、码头）投资能够提高生产力和/或改善生产商的市场渠道并降低生产成本。自2000年以来，马达加斯加推出了新的农业政策，旨在增加当地农业的国内供应，监管依赖进口的城市供应。增加当地产量的政策包括发展运输和灌溉基础设施，支持当地生产商，强化决策者的管理，加强私人利益相关者与国家的协作（杰拉德等人，2011年）。早在2002年，这些政策便发挥了积极的作用，稻谷产量大增，在2002—2010年间增长了83%。

- **改善获得信贷的渠道**：对发展中国家小农信贷计划实施的影响分析大体显示，贫困农民获得信贷可促进投资增长，有助于提高生产力。例如，伊朗拉扎维—拉桑省对177个农民进行研究，对比了农民投资对获得信贷的依赖程度，其结论验证了获得信贷对投资具有积极作用（柯翰赛尔等人，2008年）。旨在促进信贷获取渠道的一些计划已经涉及保障土地权利的所有权计划，从而为农民提供将财产作为抵押品的机会。但是，上述政策应符合综合战略的规定，以确保获得成功。例如，在秘鲁，20世纪90年代推出的土地所有权计划并没有改善农村家庭获得信贷的渠道，因为土地所有权不足以视为担保贷款的抵押品（克雷克斯、威廉姆森，2010年）。
- **人力资本公共投资**：联合国粮食及农业组织（FAO）表明，在撒哈拉以南非洲国家引进集水技术能够提高产量、增加农民的收入，该组织强调了传播知识、提升农民能力的重要性。例如，在尼日尔，由于采用了集水技术（Projet de Développement rural de Tahoua），小米产量翻了两三番，与其他没有使用该技术的地区相比，使用该技术能够增加净利润。此外，集水技术投资（在农场已经取得成功）能够提高资本利用率并增加就业机会（联合国粮食及农业组织，2001年）。

附录 A
投资变化的实证分析

本章第一节和第二节的经济模拟建立在四维向量自回归（VAR）模型的基础之上。通过下列方程组来确定经济动态：

$$x_t = c + A_1 x_{t-1} + A_2 x_{t-2} + \varepsilon_t$$

列向量 x_t 包含列向量 V_t（TV_t^T =（$\Sigma_t I_t\ Y_t\ U_t$））的对数级差，其中 Σ 表示不确定性，I 表示实际投资，Y 表示实际国内生产总值，而 U 表示失业率。小写字母 t 是时间指标，表示一个时间段的结束，Δt 等于一年的一个季度。T 表示矩阵或向量的转置。对数级差由小写字母表示，如 $\sigma_t = \ln\Sigma_t - \ln\Sigma_{t-1}$ 和 x_t^T =（$\sigma_t\ i_t\ y_t\ u_t$），ε_t 是一个四维白噪声过程，其中 $s \neq t$ 时，$E(\varepsilon_t)=0, E(\varepsilon_t\,\varepsilon_t^T)=\Omega$，$E(\varepsilon_t\,\varepsilon_s^T)=0$。假设方差—协方差矩阵 Ω 是非奇异的。

自 1990 年第一季度以来，便可获得所有变量的数据。Σ 为芝加哥期权交易所市场波动率指数 VIX 确定的隐含股票市场波动性（参见专栏 4.3）。VIX 的日常监测值转化为月平均值，从而与投资、国内生产总值和失业率的季度数据相匹配。原有 VIX 系列的平滑将原有样本波动性降低 7%。

常数的向量 c 以及两个系数矩阵 A1 和 A2 通过多元最小二乘法进行估算，得出：

$$\hat{B} = XZ^T\ (ZZ^T)^{-1}$$

其中，$\hat{B} = (cA_1A_2), (4\times 9)$；$X = (x_1, \cdots, x_{86}), (4\times 86)$；$Z_t^T = (1x_t^T x_{t-1}^T), (1\times 9)$；$Z = (Z_1, \cdots, Z_{86}), (9\times 86)$。括号中的数字表示每个矩阵的维数。

下表包括矩阵 B 的元素：

$$\begin{pmatrix} -0.0182 & -0.0869 & -0.1499 & -0.8043 & -0.0393 & -0.1947 & 0.3324 & 1.3004 & 0.197 \\ -0.0342 & -0.122 & -0.0158 & 3.015 & 0.3306 & -0.1634 & 0.025 & 0.0183 & -0.1537 \\ 0.0094 & -0.0248 & 0.0039 & 0.4795 & 0.0593 & -0.0056 & 0.009 & 0.1191 & -0.0246 \\ 0.049 & 0.0786 & -0.0195 & -1.1771 & -0.5961 & 0.0852 & -0.1134 & -0.1942 & 0.1701 \end{pmatrix}$$

所有满足（$I_4 - \hat{A}_1 z - \hat{A}_2 z^2$）$=0$ 的 z 均在不在单位圆内，因此估算的系统很稳定。I_4 表示在这个条件下的单位矩阵。稳定性条件得到满足意味着预估的 VAR 过程的协方差平稳。

系统外生冲击的影响可利用脉冲响应函数（IRF）进行分析。所述 IRF 显示了每个变量创新对自身以及对其他三个变量的影响。由于 VAR 的创新一般是同时发生的、互相独立的，因此形成了正交创新（没有关联且具有单位方差）。下图显示了 20 个季度内所述创新的 IRF。排序对应于向量 x_t 元素的选定排序，因此 $i \leftarrow j$ 显示了 x_t 中第 i 个变量对结构冲击 j 的反应。如图所示，多数影响在大约 5 个季度内均消失殆尽。

对于政策模拟而言，系统对不确定性和实际投资创新的累积反应已经经过计算。例如，外生实际投资增加 17.8% 使得失业率在未来 4 年内下降 8.9%（见第一节）。

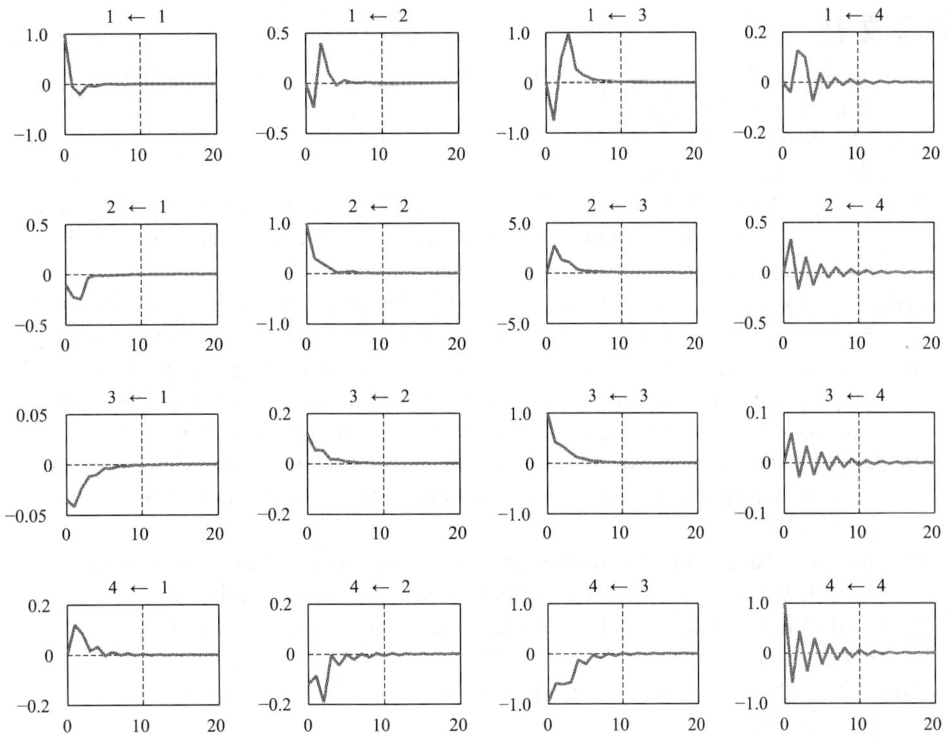
1 ← 1
1 ← 2
1 ← 3
1 ← 4
2 ← 1
2 ← 2
2 ← 3
2 ← 4
3 ← 1
3 ← 2
3 ← 3
3 ← 4
4 ← 1
4 ← 2
4 ← 3
4 ← 4

参考文献

Bachmann, R.; Elstner, S.; Sims, E. 2011. *Uncertainty and economic activity*, mimeo (University of Michigan).

Baker, S.; Bloom, N.; Davis, S. 2012. *Measuring economic policy uncertainty*, mimeo (University of Stanford).

Baum, C.; Caglayan, M.; Ozkan, N.; Talavera, O. 2004. "The impact of macroeconomic uncertainty on cash holdings for non-financial firms", Working Paper No. 04/19, June (University of Leicester, Department of Economics).

Beck, T.; Demirguc-Kunt, A; Maksimovic, V. 2008. "Financing patterns around the world: Are small firms different?", in *Journal of Financial Economics*, vol. 89, No. 3, Sep.

Belser, P.; Lee, S. 2011. "Wages and economic crisis: Towards a new perspective on wages, productivity and economic growth", in *The global crisis, causes, responses and challenges* (Geneva, International Labour Organization), pp. 151–165.

Bhaduri, M.; Marglin, S. 1990. "Unemployment and the real wage: The economic basis for contesting political ideologies", in *Cambridge Journal of Economics*, No. 14, pp. 375–393.

Bhagat, S.; Obreja, J. 2011. "Employment corporate investment and cash flow uncertainty", 29 Oct. 2011 (Department of Finance, University of Colorado at Boulder).

Bigelli, M.; Sànchez-Vidal, J. 2011. "Cash holdings in private firms", in *Journal of Banking and Finance*, vol. 36, pp. 26-35.

Bloom, N. 2009, "The impact of uncertainty shocks", in *Econometrica*, vol. 77, pp. 623–685.

Brooks, D.; Go, E. 2011. "Infrastructure's role in sustaining Asia's growth", Economics Working Paper Series, No. 294, Dec. (Asian Development Bank).

Chuan, L. 2007. "Infrastructure development in China", in N. Kumar (ed.): *Economic Research Project Report 2007, No. 2 International infrastructure development in East Asia: Towards balanced regional development and integration*. Available at: http://www.eria.org/research/no2.html [13 Apr. 2012].

Citigroup Global Markets. 2011. *India equity strategy, Heartland hues: Up and down in UP*, 6 Sep.

Cochrane, J. 2012. "Stimulus and etiquette", in *The Grumpy Economist*. Available at: http://johnhcochrane.blogspot.com/2012/01/stimulus-and-etiquette.html [13 Apr. 2012].

Communications Workers of America. 2008. "Proposals to stimulate broadband investment", letter to the House Speaker and Senate Majority Leader, 9 Dec. 2008.

Delong, B. 2008. *Lessons from the Great Depression blogging*. Available at: http://delong.typepad.com/sdj/2008/11/lessons-from-th.html [13 Apr. 2012].

—. 2012. *The limits of monetary policy in a liquidity trap*. Available at: http://seekingalpha.com/article/426621-the-limits-of-monetary-policy-in-a-liquidity-trap [13 Apr. 2012].

DeMarzo, P.; Uuliy, S. 2006, "Optimal security design and dynamic capital structure in a continuous time agency model", in *Journal of Finance*, vol. 61, pp. 2681–2724.

Evans, C.L. 2010. "A perspective on the future of U.S. monetary policy", speech at a conference sponsored by the Bank of France, *The Future of Monetary Policy*, Rome, Italy, 1 Oct.

Fernandez-Villaverde, J.; Guerron-Quintana, P.; Kuester , K.; Rubio-Ramirez, J. 2011. *Fiscal volatility shocks and economic activity*, mimeo (University of Pennsylvania).

Food and Agriculture Organization (FAO). 2001. *Water harvesting in western and central Africa* (Accra, Ghana, Regional Office for Africa).

Fontanella-Khan, J.; Lamont, J. 2012. "Rural India enjoys consumption boom", in *Financial Times*, 29 Feb.

Gabas, J.J. 2011. "Les investissements agricoles en Afrique", in *Afrique Contemporaine*, No. 237, pp. 47–55.

Gérard, F. (CIRAD); Alpha, A. (GRET); Beaujeu, R. (IRAM); Levard, L. (GRET); Maitre d'Hotel, E. (CIRAD); Rouille d'Orfeuil, H. (CIRAD); Bricas, N. (CIRAD); Daviron, B. (CIRAD); Galtier, F. (CIRAD); Boussard, J.M. (Académie d'Agriculture). 2011. *Managing food price volatility for food security and development*, GREMA. Available at: http://www.csa-be.org/IMG/pdf_Managing_Food_Price_Volatility_for_Food_Security_and_development.pdf [13 Apr. 2012].

Gilchrist, S.; Williams, J. 2005. "Investment, capacity and uncertainty: A putty-clay approach", in *Review of Economic Dynamics*, vol. 8, pp. 1 –27.
Han, S.; Qiu, J. 2007. "Corporate precautionary cash holdings", in *Journal of Corporate Finance*, 13, pp. 43–57. Available at: http://www.business.mcmaster.ca/finance/jiaping/paper/cashholdings.pdf [13 Apr. 2012].
International Labour Office (ILO). 2011. *World of Work Report 2011: Making markets work for jobs* (Geneva, International Institute for Labour Studies).
International Monetary Fund (IMF). 2011. *World Economic Outlook database*, Sep. (Washington, DC).
Kalecki, M. 1971. *Selected essays on the dynamics of the capitalist economy* (Cambridge, Cambridge University Press).
Kerekes, C.B.; Williamson, C.R. 2010. "Propertyless in Peru, even with a Government land title", in *American Journal of Economics and Sociology*, vol. 63, No. 3, July.
Keynes, J.M. 1936. *The general theory of employment, interest and money* (London, Macmillan).
—. 1937. "The general theory of employment", in *Quarterly Journal of Economics*, vol. 51, pp. 209–223.
Kohansal, M.R.; Ghorbani M.; Mansoori, H. 2008. "Effect of Credit Accessibility of Farmers on Agricultural Investment and Investigation of Policy options in Khorasan-Razavi Province" in *Journal of Applied Sciences*, vol. 8, pp. 4455-4459.
Krugman, P. 2008. *The return of Depression economics and the crisis of 2008* (London, Penguin Books).
—. 2011. "Even more on 1921", *New York Times*. Available at: http://krugman.blogs.nytimes.com/2011/04/02/even-more-on-1921/ [13 Apr. 2012].
Leahy, J.; Whited, T. 1996. "The effect of uncertainty on investment: Some stylized facts", in *Journal of Money, Credit and Banking*, vol. 28, pp. 64–83.
McCulley, P.; Pozsar, Z. 2012. *Does central bank independence frustrate the optimal fiscal–monetary policy mix in a liquidity trap?*, Global Society of Fellows Working Paper, 26 Mar. Available at: http://www.interdependence.org/wp-content/uploads/2012/03/Paul-McCulley-Fellows-Paper.pdf [13 Apr. 2012].
Narita, F. 2011. *Hidden actions, risk-taking, and uncertainty shocks*, mimeo (University of Minnesota).
Nikiforos, M.; Foley, D. 2011. "Distribution and capacity utilization: Conceptual issues and empirical evidence", in *Metroeconomica*, vol. 63, 1, pp. 200–229.
Panousi, V.; Papanikolaou, D. Forthcoming. "Investment, idiosyncratic risk and ownership", in *Journal of Finance*.
Pastor, L.; Veronesi, P. Forthcoming. "Uncertainty about government policy and stock prices", in *Journal of Finance*.
Qiang, C.Z. 2010. "Broadband infrastructure investment in stimulus packages: Relevance for developing countries", in *Info*, vol. 12, Issue 2, pp. 41–56.
Son, H.; San Andres, E. 2009. *How has Asia fared in the financial crisis? A tale of three countries: Republic of Korea, Philippines and Thailand*, Asian Development Bank Economic Working Paper Series No. 174, Oct.
Slichter, S. 1938. "The downturn of 1937", in *The Review of Economic Statistics 20*, Aug. (Harvard University's Kennedy School of Government), pp. 97–108.
United Nations Conference on Trade and Development (UNCTAD). 2008. *World Investment Report* (Geneva).
—. 2010. *Trade and Development Report 2010* (Geneva).
United Nations Department for Economic and Social Affairs (UNDESA). 2012. *World economic situation and prospects* (New York).
—. 2008. *World Economic and Social Survey 2008: Overcoming economic insecurity* (New York).
United States Census Bureau. 2012. *Statistics of U.S. Businesses (SUSB)*. Available at: http://www.census.gov/econ/susb/ [14 Apr. 2012].
Weir, S. 1999. *The effects of education on farmer productivity in rural Ethiopia*, Mar. (Oxford, Centre for the Study of African Economies).
World Bank (WB). 2012. *Global economic prospects: Uncertainties and vulnerabilities* (Washington, DC).